한국어 어휘화 연구

韓國語語彙化研究

한국어 어휘화 연구
韓國語語彙化研究

김상윤 金相潤

보고사

책머리에

    지금까지 한국어 어휘화(Lexicalization) 현상에 관하여는 많은 논의가 있었다.

    한국어 어휘화에 관한 논의는 초기 문법서에서부터 그 기초적 이론이 마련되었으며, 단어 형성과정의 예외적인 현상으로 인식되었음을 알 수 있다. 그 후 어휘화의 개념이 도입되면서 화석화의 개념, 비통사적 단어 형성의 개념으로 받아들여졌다. 그러나 단어의 형성적 측면을 중시하는 생성 형태론적 연구가 진행되는 단계에서, 어휘화 현상의 본격적인 연구가 시도 되었다고 볼 수 있다.

    어휘화는 공시적인 어휘형성 규칙으로 설명하기 불가능한 단어를 대상으로 한다. 즉, 어원적 분석적인 관점에 의한 형태소 연구의 단점을 극복하고, 공시적·종합적인 관점에 의한 형태소 결합의 과정을 대상으로 한다. 다시 말하면, 어휘화란 공시적인 어휘형성 규칙에 의해 설명될 수 없는 단어의 음운·형태·의미론적 불규칙 정보를 세분화하여, 어휘형성 과정을 설명하기 위한 개념인 것이다. 어휘화의 연구는 한국어 어휘체계를 보다 투명하게 제시할 수 있다.

    어휘화의 양상은 음운론적 어휘화, 형태론적 어휘화, 의미론적 어휘화, 단음절어와 어휘화의 네 가지 유형으로 분류하였다. 음운론적 어휘화는 음운의 화석화 현상과 음운변이, 음절변화에 의하여 나타나는 어휘화 현상을 가리킨다. 형태론적 어휘화는 파생어의 변환과 파생 접사의 비생산성과의 연유로 인하여 접사에 의한 어휘화, 어기에 의한 어휘화를 들 수 있다. 의미론적 어휘화는 그 양상을 의미적 유연성의 보존 유무에 따라 의미의 확대, 의미의 분화, 의미의 전이 등으로 나누어 살펴보았다. 단음절어는 어휘체계의 기본이라 할 수 있다. 접사보다는 어기의 역할에서 높은 생산성을 기반으로, 많은 어휘가 형성되었음을 확인할 수 있기 때문이다.

어휘형성이란 단어의 결합, 접사의 첨가, 어근의 창조 등 여러 방법으로 새로운 어휘를 만드는 현상을 말한다. 그러나 어휘는 임의로 자유롭게 만들어지는 것이 아니라, 보이지 않는 언어의 체계 속에서 내재한 일련의 원리나 규칙에 근거를 두고 이루어지는가 하면, 이러한 규칙적인 언어 현상에 반하여 어휘형성 규칙만으로는 설명될 수 없는 어휘도 있다. 그러므로 한국어 어휘형성의 과정에 나타나는 불규칙한 방식으로 형성된 단어를 어휘화로 정의하고, 그 한계를 명확히 구명하는데 본고의 연구목적이 있다.

한 가지 첨가할 것은 부록으로 <시대별 단음절어 목록>을 수록하였다. 단음절어는 어휘체계에서의 비중이 전체 어휘의 약 1% 정도에 지나지 않는다. 그러나 단음절어가 차지하는 한국어 어휘체계의 역할과 기능을 볼 때, 그 위상은 매우 중요하다. 앞으로 단음절어와 한국어 형성에 관한 문제, 어휘형성력에 있어서 단음절어의 위치, 한국어 어휘형성에서 단음절어의 역할 등에 대하여 지속적인 연구가 이루어져야

할 것이다. 저자는 문학석사학위논문 「국어 單音節語 연구」(1997)와
연구논문 「訓蒙字會 字釋에 나타난 單音節語 硏究」(2003)를 발표한
바 있다.

끝으로 본서의 출판을 맡아주신 보고사 김흥국 사장과 임직원의
노고에 깊은 사의를 표한다.

2013년 4월 1일

저자 씀

목 차

1. 서론

1.1. 연구 목적

이 연구의 목적은 국어어휘 체계 전반에 나타나는 어휘화(Lexicali
-zation)[1]현상에 대하여 그 양상과 원리, 어휘체계상의 지위와 처리
방안 등을 고찰함으로써, 국어어휘 형성 과정에서 나타나는 불규칙한
어휘 현상을 밝히는데 있다.

어휘형성이란 단어의 결합, 접사의 첨가, 어근의 창조 등 여러 방법
으로 새로운 어휘를 만드는 현상을 말한다. 그러나 어휘는 자유롭게
만들어지는 것이 아니라, 보이지 않는 언어의 체계 속에 내재한 一連의
원리나 규칙에 근거를 두고 이루어지는가 하면, 이러한 규칙적인 언어
현상에 비하여 어휘형성 규칙만으로는 설명될 수 없는 어휘도 있다.
그러므로 국어어휘 형성의 과정에 나타나는 불규칙한 방식으로 형성
된 단어를 어휘화로 정의하고, 그 한계를 명확히 구명하고자 한다.

분석 위주의 어휘형성 연구에서는 이 어휘화 현상을 통시 형태론

---

1) 어휘화(Lexicalization)의 다른 용어로 '단어화, 실사화, 화석화, 어휘소화, 낱말화,
원어화, 역문법화, 형태화, 홑낱말되기' 등이 있다.

의 원리에 입각하여 기존의 어휘형성 규칙으로 설명하려고 하였다. 그러나 최근에는 어휘의 형성적 측면을 중시하는 연구 경향을 적용하여 공시적이며, 생산적인 규칙으로 그 구조나 의미를 설명하기 어려운 단어에 대하여 어휘화의 개념을 적용하고 있다.

그러나 어휘화 현상의 초기 연구 단계에서는 한정된 자료를 중심으로 어휘화와 관련된 일부 사실만 언급하였을 뿐, 그 본질을 파악하기 위한 광범위한 연구에 이르지 못하고 있다. 그 이유는 어휘화를 단지 불규칙한 현상, 예외적인 현상으로 간주하여 어휘형성의 규칙적인 현상을 연구하는 과정에서 하나의 절로 다루어 비중있는 연구가 진행되지 못하였기 때문이다. 그러나 어휘화 현상의 원인과 특성을 구명하지 않고서는 모든 어휘체계를 설명할 이론을 세울 수 없으며, 어휘화 현상에 따라 새로운 단어가 만들어진다는 점을 고려할 때, 어휘화 현상은 공시 형태론과 어휘체계 수립에 소홀히 할 수 없는 분야인 것이다.

첫째로 어휘화를 구명하기 앞서 어휘형성력 즉, 생산성2)의 논의가 먼저 이루어져야 한다. 어휘형성은 생산성의 지배를 받아 그 양상이 달리 나타난다. 높은 생산성에서 형성된 단어가 국어어휘 형성의 기본이 되기 때문이다. 그러나 이 생산성의 개념은 상대적 개념으로 수치상의 절대치를 나타내는 개념이 아니다. 단지 몇 어 이상의 생산성을 보이므로 형태소에 생산성이 '있다, 없다'를 정의하기 어렵기 때문이다. 여기에는 어떠한 방식으로 단어가 형성되었는가, 통시적으로

---

2) 생성 형태론이 대두되면서 어휘형성력이나 조어력이라는 용어보다는 생산성(Pro-ductivity)이란 용어를 일반적으로 사용하고 있다.

어떤 변화를 겪었는가를 고려하여 생산성을 논의하여야 함으로, 절대적 수치로 생산성을 논할 수 없다.

둘째로 어휘화의 개념을 확정하는 일이다. 지금까지의 논의에서 어휘화의 개념은 한정된 자료에 국한되어 정의되어 왔다. 이는 그 개념이 확정되지 못하여 나타난 현상으로 이 개념을 지칭하는 여러 가지 용어를 살펴보아도 알 수 있다. 어휘화와 문법화와의 상관관계, 화석화와 비통사적 합성어와의 혼돈 등, 개념 정립에 그 차이를 보이고 있는 것이다. 이처럼 각기 다른 용어를 사용하여 어휘화의 개념에 대하여 논하고 있음으로, 우리말의 현실에 입각한 어휘화 개념 정립이 시급하다. 어휘화 개념의 정립은 어휘화를 국어 문법의 틀 안에서 이루어지는 하나의 과정으로 자리잡게 하는 일이 될 것이다.

셋째로 어휘화는 언어의 특성상 자의적으로 일어나는 현상이 아니기 때문에, 어휘화 현상에서 나타나는 환경과 조건, 결합과 그 제약이 검토되어야 한다. 그러므로 우리말에서 나타나는 현상을 유형화하여 국어어휘 체계에 반영되어 있는 어휘화의 양상을 살펴보는 작업이 필요하다. 이러한 작업을 통하여 음운, 형태, 의미상의 환경과 그 결합 양상을 구명함으로써, 어휘화의 조건과 그 제약도 밝힐 수 있을 것이다. 이는 이른바 불규칙에서 규칙을 밝히는 작업으로 국어어휘 체계의 투명도를 높일 수 있을 것이다.

넷째로 어휘화가 어떠한 원인으로 나타나며, 또한 진전되어 나아가는 모습이 어떤 양상을 보이는가를 살펴야 한다. 어휘형성 규칙과 어휘화의 양상을 살펴서 앞으로 국어어휘 체계에 계속해서 나타날 어휘화의 진행 정도도 가늠해 볼 수 있을 것이다. 어휘화의 진행 과정에 따라 현재 사전에 등재되어 있는 하나의 단일어로 인식되고 있는 실제어, 아직 사전에 등재되어 있지 않고 일반 언중들은 신어의 개념으로 받아들이는 임시어, 현재 사용되고 있는 단어가 아니지만, 앞으로 어휘화의 양상에 따라 사용이 예상되는 가능어로 나누어 어휘화의 진행 정조를 분석하는 것이다. 이 과정을 통하여 국어어휘 체계의 변화 양상도 예측할 수 있을 것이다.

이와 같이 어휘화 현상이 국어어휘 형성에서 차지하는 위치를 구명하면, 공시적인 형태소 분석과 어원적인 형태소 분석 사이에 나타나는 문제점을 해결할 수 있다. 또한 형태소의 공시적인 생산성을 구명하여, 어휘부에 등재할 대상을 구분할 수 있으므로, 보다 간결하고 효용성 있는 어휘체계를 수립할 수 있을 것이다.

이러한 어휘화 현상에 대한 연구가 지니는 의의와 가치로는 다음 사항들을 지적할 수 있을 것이다.

첫째, 어휘화를 통해 새 어근을 창조하여 새로운 어휘 개념을 명명함으로써 어휘체계를 보충할 수 있다. 어휘화는 기존의 조어법과는 다른 차원에서 단어를 생성하는 것이므로, 2차 조어까지 포함하면 의미 체계의 확대를 도모할 수 있다.

현대 사회에 들어서 언어 현상은 급격하게 변하고 있고, 이에 따라 새로운 개념을 표현하기 위한 신어의 필요성이 대두되고 있다. 그러나 신어의 어휘형성적 측면을 살펴보면 새로운 형태소, 새로운 어휘 형성 규칙보다는 기존의 어휘를 이용하여 그 테두리 안에서 형성되는 예가 대부분이다. 그러므로 신어의 생성에 어휘화된 단일어의 역할은 기존의 새로운 어근으로 생성되는 신어보다 그 영향력이 더욱

커질 것이다.

둘째, 생산성 유무를 구명할 수 있는 직접적인 자료가 된다. 형태소의 조어력 연구에서 형태소의 생산성, 비생산성, 즉 활성과 비활성을 구명하는 작업이 선행되어야 한다. 이는 국어어휘 형성 연구의 기초가 되는 자료로 활용되기 때문이다. 어휘화 연구는 활성, 비활성 형태소를 변별하여 각 형태소의 조어력을 제시할 수 있는 직접적인 자료로 활용된다. 한 형태소의 어휘형성력, 즉 생산성을 밝힘으로써 접사, 어근의 활용도를 검증하여 어휘형성의 제약, 긴밀도, 의미변화 등을 추론할 수 있다.

셋째, 어휘화 연구는 어휘교육에 초석이 된다. 어휘화된 단어를 교육함에 있어 단어의 형태와 의미간의 상관성을 과학적으로 구명함으로써, 어휘 습득을 용이하게 하고 예외로 다루었던 형태들을 기억하는 데 도움을 줄 수 있다. 예를 들어 기존의 어휘체계에서 '불땔군'이라는 구에서 어휘화된 것이다. 그 의미는 '화나게 하는 사람'이라는 교육을 따로 받지 않으면, '불땔군'이라는 어휘를 쉽게 습득할 수 없게 된다. 이렇게 어휘화된 단어가 많으면 많을수록 자연히 하나하나 기억해야 할 단어수가 늘어나게 되어 언중들에게는 부담이 가중될 수밖에 없다.

그러나 어휘화 연구는 어휘화된 단어의 어원을 정확하게 파악할 수 있게 한다. 이에 따라 불필요한 언어 변화나 오용에 의한 언어변화도 줄일 수 있다. 그리고 어원 파악을 정확하게 하게 되면 의미 변별이 어려웠던 단어의 어원과 의미를 쉽게 파악할 수 있게 된다.

넷째, 사전의 편찬에 어휘화의 개념을 도입하여 표제항 선정, 문법

정보, 어원정보를 보다 용이하게 제시할 수 있다. 어휘화 연구는 원래의 형태를 재구하는 것 외에도 차용어 여부 및 기초어휘 파악에도 도움을 줄 수 있다. 따라서 어휘화 연구를 통한 어원의 파악은 사전을 편찬할 때 어원정보를 정확하게 제공할 수 있다. 또한 사전 표제항 선정시 음운, 형태, 의미상의 어휘화를 토대로 표제항 수록 여부를 결정해야 할 것이다.

다섯째, 어휘화 연구는 어원에서 점차 멀어지는 말을 대상으로 어휘화 과정을 체계적으로 설명함으로써 어휘체계내에서 어휘화의 진행 상황이나 진행 단계, 그리고 앞으로 어휘화가 어떻게 진행되어 갈 것인가에 대한 예측을 가능하게 한다.

어휘화는 기존의 조어법으로는 설명이 불가능하다. 따라서 어휘화 연구를 통하여 어휘부와 형태부의 역할을 정립함으로써, 공시적 분석과 어원분석을 구별하고, 이를 통하여 국어어휘 형성의 체계를 보다 명확하게 할 수 있다.

여섯째, 어휘화의 성립 과정을 연구하는 과정에서 어휘화의 유형과 예를 제시함으로써 음운 변화, 의미 변화, 어형 변화를 추정하여 단어 형성의 과정을 과학적으로 설명할 수 있다. 그동안 예외로 규정되었던 어휘화된 단어를 대상으로, 단어의 형성 과정을 설명하고, 그 속에서 어휘화의 규칙들을 찾아내어 유형별로 분류함으로써 단어 형성의 과정에서 나타나는 예외 현상을 최소화하고, 사용상의 요용, 오분석, 잘못된 어원 인식에서 나타나는 언어 사용을 방지할 수 있다[3]

---

3) 이러한 점을 대변할 수 있는 단어가 바로 유행어 '짝퉁'이다. 국어에 나타나는 불규칙한 현상을 대변하는 말로 우리말의 장점과 단점을 여실히 보여준다. '짝퉁'의 의

일곱째, 어문 규정에서는 어휘화 현상을 '다만'과 '붙임' 항목을 설정하여 논의하고 있다. 이 규정 중에는 규칙적인 어휘형성의 예외 현상인 어휘화를 위한 규정이 다수 나타난다. 어문 규정이 국어의 올바른 사용, 보급과 교육을 위한 언어의 규범이므로 어휘화의 개념과 의의를 어문규정 제정에 반영해야 한다는 것이다.

어문규정에서 원형을 밝혀 적는 경우와 원형을 밝혀 적지 않는 경우를 구분하고 있는데, 이러한 원리를 적용하여 원형을 밝혀 적지 않는 예들은 대부분 '어휘화한 단일어'에 해당한다는 것을 알 수 있다. 기존의 어문규정은 언중들의 어휘 사용 양상에서 나타나는 편리함과 어휘형성 규칙이라는 두 가지 차원에서 혼란을 보이고 있다. 여기에 어휘화의 원리와 생산성의 개념을 적용하면 보다 규범적이고, 편리한 어문규정이 될 것이다.

지금까지 어휘화 연구의 의의를 그 대표적인 특징을 중심으로 살펴보았다. 어휘화 연구의 의의는 어휘형성의 근간으로서, 생산성 구명의 척도로서, 어휘 교육의 기여도, 사전 표제항 선정시 어휘화의 개념 노입, 우리말의 올바른 사용, 어문규정의 개편에 적용 등을 제시하였다. 이러한 점으로 알 수 있는 사항은 크게 두 가지로 대변할 수 있다. 어휘화 현상이 단지 불규칙한 현상으로 다루어졌으나, 하나의 실체로 받아들여 국어어휘 형성에서 나타나는 하나의 과정으로 다루어야 할 것이다. 또한 우리말의 올바른 사용과 보급, 오용과 남용을

미는 '진짜'와 대립되는 '가짜'의 형태와 의미에서 출발하여 '가짜> 짝가> 짝가+-퉁이> 짝퉁'의 변화 과정을 보인다. 도치, 파생, 축약, 탈락 등 우리말이 생성되는 장점을 최대한 수용하여 만들어진 유행어이다.

방지하려는 의도이다. 이는 자연적인 소멸현상, 어휘형성 규칙에 의한, 통사적 필요에 의한 품사 전환 등 자연적인 언어 변화 이외에 어원 의식의 부재, 무리한 유행어의 창출, 언어 경제성의 무분별한 적용 등 불규칙한 언어 현상을 최소화하려는 데에서 그 의의를 찾을 수 있다.

1.2. 연구 대상과 방법

어휘화의 연구는 그 목적과 대상에 따라, 공시적인 관점에서 단어의 구조와 형식, 의미를 검토하는 방법이 있고, 또한 통시적인 관점에서 어휘화된 단어의 기원과 변천과정을 연구하는 두 가지로 크게 구분된다. 본고에서는 주로 공시적인 측면에서 어휘화 현상의 근간을 밝히고자 한다. 그러나 필요한 경우에는 통시적인 관점에서도 어휘화의 변천 과정을 살펴, 어휘화의 연원을 추적해 보게 될 것이다. 어휘화 현상이 일반적으로 공시적인 의미로 사용되지만, 언어 변이는 공시적 차원과 통시적 차원의 산물임으로, 이 두 가지 차원에서 전반적인 考究가 이루어졌을 때 비로소 어휘화의 본질을 구명할 수 있기 때문이다.

이 연구의 자료는 신기철·신용철(1982) 『새우리말큰사전』, 한글학회(1994)의 『새우리말큰사전』과 국립국어연구원(2001)의 『표준국어대사전』에서 수집하였다. 또한 사전의 표제어뿐 아니라. 가능어, 임시어, 실제어의 기준으로 국립국어연구원에서 1994-2002년 발간한 『신어의 조사 연구』도 대상으로 하였다. 임시어는 신어 단계의 말로서 개별성이 높고 실현되는 환경이 유동적이므로, 대상을 수집하기 어렵고, 사용 빈도도 낮으며, 때때로 어휘형성 규칙에 오용이 나타난다. 그러나 신어는 현재의 어휘형성 규칙을 대변하는 단어이므로, 현대 국어어휘의 형성규칙을 살펴볼 수 있다. 또한 문법적 오용도 나타나므로 어휘화 현상을 설명하는데 활용할 수 있을 것이다.

역사적 자료로는 옛 문헌이나 방언 속에 남아 있는 어휘를 발견하여 그 형태와 의미를 밝히기도 하고, 이미 발굴 조사된 어휘집이나 사전 즉, 한글학회(1994)『우리말 큰사전』을 비롯하여 유창돈(1964)의 『李朝語辭典』, 남광우(1997)의『古語辭典』과 홍윤표 외 3인(1995)의 『17세기 국어사전』 등을 조사 대상으로 하였다.

이 연구는 먼저 어휘화의 본질에 대한 논의로 첫째로 생산성의 개념에 대하여 살펴보고자 한다. 현재 생산성 개념은 그 基點과 尺度를 객관적으로 측정할 명확한 기준을 제시할 수 없는 실정이다. 생산성의 정도와 기준을 생성 어휘수의 기준, 시간적 기준, 어휘 범위의 기준 등으로 나누어 고찰하고자 한다. 그럼으로써 상대적 기준인 생산성의 정도를 보다 명확히 제시할 수 있을 것이다.

둘째로 어휘화의 개념을 살펴 어휘화의 기준점을 제시하고, 어휘화와 혼용되는 여러 용어들, 단어화, 실사화, 화석화, 어휘소화, 낱말화, 원어화와의 상관관계를 살펴보고자 한다. 또한 어휘화와 문법화의 개념상의 差異點을 살펴 문법화와 구별되는 어휘화 현상을 구명하고자 한다. 그리고 어휘화의 용례를 제시하고 어휘화의 범위와 한계를 밝혀 개념 정립을 분명히 하려 한다.

셋째로 어휘화 연구의 의의를 살펴봄으로써 어휘화가 국어어휘 체계에 미치는 실용적인 측면을 강조하고자 한다. 어휘화는 우연히 일어나는 현상이 아니므로, 어휘화 현상이 나타나는 환경과 조건의 결합이 검토되어야 한다. 이는 어휘화의 양상을 유형화하여 어휘체계에 반영되어 있는 어휘화의 양상을 살펴보는 작업인 것이다.

한편 어휘화의 양상을 음운론, 형태론, 의미론으로 분류하여 어휘화의 과정과 제반 현상을 살펴보고자 한다. 먼저 음운론적인 어휘화에서는 화석화 현상, 음운변이, 음절변화의 측면에서 나타나는 어휘화 현상을, 실례를 분석하는 과정에서 결합의 조건과 이에 따른 처리 문제를 다루고자 한다. 음운의 축약과 탈락, 음운 현상에 의한 어휘화, 음절 변화로 인하여 나타나는 어휘화 현상을 토대로, 어휘화 현상의 음운론적 기준을 세울 수 있을 것이다.

형태론적 어휘화에서는 구성 성분으로 참여하는 어기·접사의 변화상을 살펴보고자 한다. 생산성의 정도를 기준으로 하여 어휘형성에서 어휘화가 나타나는 요인을 구명하고, 어기의 소멸과 품사 전환에서 나타나는 어휘화의 영향을 고찰함과 동시에, 그 목록도 함께 제시될 것이다. 또한 구성 성분 간의 재구조화 현상이 어휘화에 미치는 영향도 살펴볼 것이다.

의미론적 어휘화에서는 의미변화에서 나타나는 의미의 연관성을 기준으로, 본래의 의미와 변화된 의미에서 나타나는 어휘화 현상을 제시하고자 한다. 구성 요소간의 의미적 연관성을 기준으로 하여, 그 의미 보전의 정도에 따라 의미확대, 의미분화, 의미 전이로 세분화하여 의미론적 어휘화의 기준과 이에 따른 구성요소의 의미적 요소가 어휘화에 미치는 영향을 함께 고찰하게 될 것이다.

어휘화의 언어학적 특성에 의한 樣相을 제시하는 과정에서 어문 규범에서 적용되어야 할 어휘화 기준과 타당성, 그리고 어휘화의 정도와 그 진행 양상도 제시하고자 한다. 형태를 밝혀 적지 않는 경우, 접사의 새로운 처리 방안, 준말의 처리 문제 등 현재 어문 규정에 나타나 있는 모호한 점을 어휘화의 개념에 준하여 살펴보고, 이에 따른 개편에 대하여 발전적인 방향을 모색하고자 한다.

1.3. 선행연구 검토

기존의 어휘화 연구는 일반적인 단어 형성을 연구하는 과정에서 한 개의 절로 구분하여 어휘형성 규칙으로 설명할 수 없는 특이한 현상이라 정의하고, 그 예를 소개하는 차원에서 다루어졌다. 그러나 1990년대 중반에 들어서는 어휘화를 하나의 연구 대상으로 삼는 종합적인 연구가 진행되고 있다.

Lyons(1977)는 화석화라는 용어로써 비생산적인 단어를 설명하고 있다. 가령 pick-pocket(소매치기), turn-coat(변절자)와 같이 단일한 단어를 구성하여 이루어진 형식으로부터 도출된 규칙이 현재의 언어 체계내에서 더 이상 생산적이지 않으면, 그 규칙에 의해 형성된 어형들은 화석화되었다고 주장하였다. 그런데 여기서의 화석화는 합성어의 비생산적 측면을 설명하기 위한 용어이고, 파생어의 경우에는 규정화(institutionalization)라는 용어를 따로 사용하고 있다.

Bauer(1983 : 49)에서는 어휘화에 대하여 본질적으로는 통시적인 과정이지만, 어휘화된 말의 형태에 대한 통시적인 변화의 흔적들은 공시적인 문법에서 다루어져야 한다고 보았다. 여기에서 어휘화의 개념을 파생어의 단어형성의 측면에서 정의한 후, 몇 가지 유형으로 구분한 바 있다. 하나의 형태와 다른 형태가 있을 때 그들을 관련지을 수 있는 것을 음운, 형태, 의미, 통사적 자질 등을 통해서인데, 이러한 관련이 멀어지는 것을 각각 음운론적, 형태론적, 의미론적, 통사론적 어휘화로 구별하였다.

국어어휘화 연구의 시작은 최현배(1965 : 39-40)에서부터 제기되었다. 최현배에서는 결합하는 두 낱말이지만, 어우름의 까닭을 설명하기 어려운 '겨집, 감발, 신발' 등이나, 얽잇감의 소리꼴이 많이 달라진 '갖신, 함께, 올케, 할머니, 쓰레받기, 달걀' 등과, 소리꼴뿐만 아니라 뜻의 변화도 겪어 원래의 얽잇감을 공시적으로 밝히기 어려운 '귀찮다, 점잖다, 괜찮다' 등도 단일어로 정의하였다. 이와 함께 '귀찮다(귀하지 아니하다), 점잖다(젊지 아니하다) 괜찮다(관계하지 아니하다)'와 같이 어형의 축소와 함께 의미 변화를 수반한 준말이나, '하찮다, 언짢다,' 등 그 원래의 형태소를 공시적으로 밝히기 어려운 준말은 모두 단일어로 처리하였다. 이와 동시에 이러한 어휘는 앞으로 연구가 진행되어야 할 과제로 제시하였다.

어휘화 현상을 하나의 용어로 처음 정립한 이기문(1972 : 145)에서는 '化石'이란 용어를 사용하여 언어의 통시적 변화를 설명하였다. '안팎·수탉·입쌀·좁쌀'은 앞말의 끝소리 /ㅎ,ㅂ/이 화석화된 것이며, '사로잡다, 빌먹다, 죽살다, 듣보다' 등은 중세국어 당시 생산적인 단어였으나, 통시적으로 현대국어에서는 생산성을 잃고 화석화한 단어라 하였다. 즉, 중세국어에서 동사 어간과 어간끼리의 합성이 생산적이었음과 동사 어간의 부사화, 동사 어간과 명사가 결합한 합성어의 존재를 지적하면서, 국어의 동사 어간은 본래 어미와 유리될 수 있었음을 암시하는 것이라 하였다. 이와 같은 연구는 국어사를 논의하는 과정에서 이루어진 것이고, 화석화라는 개념을 사용하여 어휘화 현상을 설명하려는 초창기적인 시도였다. 통시적인 화석화 과정으로 언어 변화현상을 설명하려는 시도에서 어휘화 연구의 의의를 찾을 수 있다.

허웅(1985:512)에서는 파생어나 합성어가 형태 변화나 의미변화로 본래의 구성성분을 분석되지 못하고 어휘형성 규칙을 찾아볼 수 없는 단어로 변하는 예를 제시하였다. '솜씨, 노래, 거름, 무녀리, 기러기, 코끼리' 등은 어근과 어근, 어기와 접사와의 상관성을 상실했으므로 단일어로 다루어야 한다고 제시하였다. 이러한 예들을 통시적으로 분석하면 파생어이거나 합성어이지만, 지금은 원래 구성 성분과 형태상의 유연성을 상실한 것이다. 그러므로 단어 형성을 연구하는 과정에서 형태소 분석에 치우치는 것보다는, 언어 변천은 종합적 관점에서 한 단어의 어원뿐 아니라, 사용실태, 시간적 제약 등을 고려해야 한다고 제시한 점에 그 의의가 있다.

김성규(1987:17-27)에서는 '어휘화'라는 용어를 처음 도입했다. 어휘형성과 관련된 문제로 한 단어를 분석하여 나온 형태소들을 다시 결합시킬 때, 그 단어의 음운론적, 형태론적, 의미론적 특성을 규칙적으로 예상할 수 없는 경우라 하였다. 또한 어휘화의 유형을 제시하여,

구성 성분의 결합에서 나타나는 음운의 변화를 공시적으로 음운규칙으로 설명할 수 없는 음운론적 어휘화(멀리, 두께, 더위, 추위), 비생산적인 결합 방식으로 형성되거나 어간이 공시적으로 존재하지 않는 형태론적 어휘화(감돌다, 즐겁다, 먹히다, 감기다, 울음, 졸음), 어간이나 접사가 본래의 의미와 달라진 의미론적 어휘화(바치다, 반드시, 총잡이)로 각각의 유형적 특징을 제시하였다. 그러나 형태론적 어휘화에 생산성의 개념을 도입하지 않고 어휘화를 처리하여 '먹다:먹이다, 알다:알리다, 졸다:졸음, 울다:울음' 등도 어휘화의 예로 처리하였다.

이석주(1989:102-104)에서는 '어휘화' 대신에 '원어화'라는 용어를 사용하여 설명하고 있다. 단어의 형태가 변하거나 의미가 소멸되어 구성 성분 간의 유연성을 상실한 단어는 당일어로 다루어야 한다고 제시하였다. 즉, 생산성을 잃거나, 의미적 연관성이 멀어지거나, 어원을 구명할 수 없거나, 파생어를 가질 수 없을 경우 단일어로 다루어져야 한다고 설명하였다. 어휘화에 대한 개념은 진일보 하였으나, 화석화와 개념의 혼돈과 통시적 관점을 고려하지 않은 점이 발견된다.

송철의(1992:31-56)에서는 파생어의 형성과 그 양상을 연구하는 과정에서 어휘화를 어기와 접사 사이의 파생관계가 규칙적으로 예측될 수 없는 경우로 정의하였다. 그리고 그 유형을 음운론적, 형태론적, 의미론적 측면으로 살펴보고, 파생어에 나타나는 어휘화 현상을 보다 구체적이고 다양한 예로 제시하고 있다.

김승호(1992)에서는 어휘화의 유형을 이전 연구와는 다른 각도에서 제시하였다. 기존의 음운, 형태, 의미의 차원에서 벗어나, 단어에서 문장까지의 어휘화 단계를 설정하였다. 형태소 단계의 어휘화, 단어 단계의 어휘화, 구 단계의 어휘화, 절·문 단계의 어휘화 등 총 4단계로 나누고, 형태소 단계의 어휘화 속에 음운론적, 형태론적, 의미론적 어휘화를 포함시켰다. 어휘화의 범주를 단어에서 탈피하여 文(관용표현)까지 확대하여 한 단어처럼 인식되는 문장, 즉, '낫 놓고 기역자도 모른다→무식하다' 등도 어휘화의 범주에 포함시켰다. 이처럼 어휘화의 범주를 문의 단계까지 확대하였으나, 文의 경우 화용상의 성격이 강하고, 형태소 분석이나 생산성의 개념, 어원의 개념을 적용할 수 없으므로 어휘화의 개념에 혼란의 소지가 있다.

하치근(1992)에서는 단어의 결합과 분석 과정에서 단어 형성규칙으로 설명될 수 없는 단어들을 [+어휘화], [-어휘화]로 분류하여 어휘화의 기준을 제시하였다. 특히 '무덤, 마중, 주검, 지붕' 등과 같이 비생산적인 접사와 결합한 단어는 단어 형성규칙으로 설명될 수 없지만, 화자의 직관에 의해 분석이 가능하고, 어기와 접사간에 유연성이 있으면 어휘화되지 않은 것으로 보았다. 이 연구는 공시적인 규칙으로 다룰 수 없는 단어를, 어휘부에 설명 가능하게 한다는 기조 아래 어휘화 개념을 어휘부에 두입하려 하였다. 이러한 시도로 각 단어에 '재구조화, 어휘화, 생산성'의 정보를 제시하고 있다. 그리하여 어휘화의 기준점을 제시하여 어휘화 유무를 판별하는 데 보다 객관적인 기준을 제시하게 되었으며, 어휘화 정도까지도 추측하려는 시도를 하였다.

김정은(1995:25-30)에서는 단어 형성에서 나타나는 규칙으로 예측할 수 없는 현상이라 정의하고, 생산성과 어휘화를 연계하여 공시적인 생산성의 여부를 어휘화의 기준으로 제시하였다. 즉, 그믐(그믈-+-음), 시름(시르-+-음)의 경우 접미사 '-음'은 공시적으로도 생산적인 접미사이며, 통시적으로는 어기 '그믈-, 시르-'에 명사 파생 접미사 '-음'이 결합하여 형성된 파생명사이나, 공시적으로 '그믈다, 시르다'가 완전히 소멸하여 어기와 파생어의 파생관계가 규칙적으로 예측할 수 없으므로 어휘화한 것으로 처리하였다. 그러나 규칙적인 단어 형성법 연구에서 어휘화의 개념을 소개하고 있다.

김철남(1997)에서는 어휘화라는 용어 대신 '어휘소 되기'라는 용어를 사용하였으나, 그 의미상으로는 기존 논의에서 다룬 개념과 큰 차이 없이 정의하였다. 기존의 어휘화 유형에서 벗어나 '짜임의 바뀜, 뜻 바뀜'으로 구분하고 짜임의 바뀜으로 음운의 화석, 형태의 화석, 규칙의 화석으로 세분화하였다. 뜻 바뀜으로는 의미의 분화, 의미의 전환 등 두 가지 양상으로 의미론적인 어휘화 현상을 해석하였다. 통시적인 관점과 공시적인 관점에서 어휘화 현상을 다루었으나, 어휘화의 개념이 통시적이라기보다는 공시적인 관점의 개념이므로 주로 공시적인 관점 어휘화 현상을 해석하려는 시도를 하였다. 또한 김승호(1992)에서와 같이 구, 절, 문 단위의 관용표현에까지 어휘화의 범위를 넓혀, 규칙으로 해석할 수 없는 언어 현상에 대하여 포괄적으로 접근하였다.

이상의 논의를 종합하여 살펴보면, 국어어휘화 현상에 대한 연구는 초기 문법서에서부터 그 기초적 이론이 마련되었으며, 단어 형성 과정의 예외적인 현상으로 인식되었음을 알 수 있다. 그 후 어휘화의 개념이 도입되면서 화석화의 개념, 비통사적 단어 형성의 개념으로 받아들여졌다. 그러나 단어의 형성적 측면을 중시하는 생성 형태론적 연구가 진행되는 단계에서 어휘화 현상의 본격적인 연구가 시도되었

다. 초기 어휘화 현상의 연구에서는 파생어를 대상으로 어휘화의 개
념과 유형, 그 원인을 분석하려는 시도를 하였으나, 단어 형성 과정
즉, 어구성의 연구, 파생법의 연구, 형태소 연구에서의 일개의 부분에
서 다루어졌다. 그 후 공시적인 규칙으로 다룰 수 없는 어휘를, 어휘
부에서 설명 가능하게 한다는 기조 아래, 어휘화 개념을 도입하여 독
립적인 연구가 이루어졌다. 그러나 연구마다 각기 다른 어휘화 개념
과 기준으로 불규칙 정보를 가진 단어가 어휘화되었는가를 판단하는
부분적인 작업에 한정되어 어회화의 전반적인 모습을 다루지는 못하
였다. 또한 어휘화의 과정을 현재 어휘체계에 적용하거나 응용하여
향후 어휘화의 정도와 진행에 대해 그 추론을 내리지 못하였다. 이와
같이 기존의 연구에서 어휘화 현상에 대해 비교적 자세하게 기술되
기는 하였으나, 그 기준의 확립과 이에 따른 유형의 분류, 나아가 어
휘화 개념의 응용이 필요하다 하겠다.

2. 어휘화의 본질

어휘화의 개념은 어휘형성 연구의 측면에서 비교적 최근에 도입되어 연구되기 시작하였다. 이러한 연유로 개념과 용어상의 혼란을 보이고 있다. 그러므로 이 장에서는 어휘화의 본질과 이에 관련된 개념들을 정리하고자 한다. 어휘화의 유형과 정도를 고찰하는 과정에서 어휘화의 기준점과 의의, 이와 관련된 개념들을 살펴봄으로써 어휘화 연구를 보다 명확히 할 수 있을 것이다.

첫째로 어휘화의 선행 개념인 형태소의 생산성에 대해 그 기준을 제시하고자 한다. 앞장에서 설명하였듯이 생산성은 어휘화와 밀접한 관련이 있는 개념으로 절대적인 수치가 아니라 상대적, 주관적인 개념이다. 그러므로 이러한 생산성의 개념을 보다 명확히 하기 위한 연구가 이루어져야 한다.

둘째로 생산성의 개념을 제시하고 이에 따른 어휘화의 정의와 그 기준을 제시하고자 한다. 어휘화의 한계를 확인하고, 어휘화와 관련된 용어들과의 차이점을 제시하여 어휘화의 정의를 확립하려는 것이다.

2.1. 생산성의 기준

  생산성의 개념 설정에서 비롯되는 여러 문제점 즉, 어휘형성 규칙, 어휘화의 관점, 생산성 이론의 적용 범위, 대상어의 기준을 파악하여 체계화하는데 주안점을 두고자 한다.

  어휘화를 구명하기에 앞서 어휘형성력 즉, 생산성의 논의가 먼저 이루어져야 한다. 어휘형성은 생산성의 지배를 받아 그 양상이 달리 나타난다. 높은 생산성에서 형성된 단어가 국어어휘 형성의 기본이 되기 때문이다. 그러므로 생산성 개념은 국어어휘 형성 연구에 있어 그 한계를 명확히 검증해야 할 과제인 것이다. 그러나 지금까지 어휘 형성의 기반이 되는 생산성 연구에 있어서는 그다지 명확한 결론을 내리지 못하고 있다. 현재까지 생산성 이론에 대한 기준을 제시한 연구로는 민현식·왕문용(1993)을 들 수 있다. 여기서는 어휘형성에 있어 현재 어형으로 쓰이고 있는, 분포에 따른 기생산성에 기준하여 2어 이상의 단어를 만들어 낸 접사를 생산적인 접사로 설정하고 있다.

  이와 같이 어휘형성에서 생산성을 논할 때 파생 접사 또는 파생어 규칙의 생산성을 뜻하는 용어로 사용되었다. 이 생산성의 척도는 어떤 접사에 의해 형성된 파생어 수가 많을 때 그 파생 접사에 의한 파생어 형성은 생산적이라 하고, 파생어 수가 적을 때에는 비생산적이라 보고 있다. 즉 파생된 어휘수가 생산성의 높낮이를 가늠하는 척도였던 것이다. 그러나 이러한 생산성의 개념은 그 기준이 명확한 것으로 보이나 실은 그렇지 않다. 파생된 어휘수가 어느 정도면 생산성이 높고, 어는 정도면 생산성이 낮은가에 대한 객관적인 기준이 제시되지 않고 있기 때문이다. 생산성은 그 개념이나 측정 기준이 모호한 가운데 비교적 단순하게 생각해 왔으나, 파생어 형성에 있어서 중요한 과제로 부각된 것은 최근의 일이다[1] 파생어 형성에 대한 인식이 어휘형성 규칙화로 인해 새로워지고 심화되었기 때문이다.

지금까지 생산성에 대한 논의는 어휘형성에 있어서 주체적인 역할을 하는 생산성과 비생산성이 존재한다는 것을 보여 주었다. 그러나 생산성의 기준을 제시하고 판단할 근거는 간단하지 않다. 현재 생산성의 정도를 객관적으로 측정할 명확한 기준을 제시할 수 없는 것이다. 그럼에도 불구하고 생산성의 논의는 어휘체계의 구명이라는 측면에서 계속 진행되어 왔다.

이제까지의 논의는 생산성의 높고 낮음을 구명하기 위한 것이다. 다수의 어휘를 형성하는 생산성과 1語의 생산성이 국어 어휘체계에 미치는 영향은 분명히 차이가 있다. 단지 그 기준을 어디에 두고 생산성을 설정할 것인가 하는데 있다. 그러므로 생산성의 측정은 절대적 수치로 나타낼 수 없다. 단지 정도의 문제인 것이다. 어떤 어형성 과정은 생산적이고, 또 어떤 어형성 과정은 비생산적이라는 식으로 양분되는 것이 아니다.

어휘는 일정한 규칙에 의거하여 형성되는 것이므로, 생산성의 기준을 설정하여 어휘형성에 대한 한계와 문제점을 명확히 할 수 있다. 생산성의 측정에 있어 고려되어야 할 기준을 네 가지로 제시하고자 한다.

---

1) 송철의(1992), 국어의 파생어 형성 연구, 태학사.

2.1.1. 생성 단어수의 기준

어휘형성을 기술하는 과정에서 어떤 형태소가 다른 형태소보다 생산성이 높다고 한다면, 이는 이 형태소로 형성되는 어휘가 많다는 뜻이다. 한 형태소에 의해 형성되는 단어수가 그 단어의 생산성의 기준이 되었기 때문이다. 그러나 이러한 생산성의 측정은 대개 연구자의 직관적인 판단에 의존하였다고 볼 수밖에 없다.

> (1) -질   : 가늠질, 가댁질, 가동질, 가래질, 가르마질, 가리질 등
>   951語
>   -님   : 난뎃손님, 낭군님, 누님, 달님, 도련님 등 231語
>   -우리 : 대우리, 돼지우리, 말우리, 재우리 등 25語
>   -악서니 : 꼴악서니 1語

위의 (1)에서 '-질'의 경우 951語의 어휘형성을 보이는 반면, 접미사 '-악서니'의 경우는 '꼴'(樣)이 결합된 '꼴악서니'만이 존재한다. 실제로 이 경우에서 '-질'이 '-악서니'보다 생산성이 높다는 것을 알 수 있다. 그러나 생산성의 기준을 형성된 어휘 몇 語로 정하는 것으로는 생산성의 부차적 기준이 될 뿐, 생산성 측정의 절대적인 기준은 되지 못한다.

이러한 단점을 보완하기 위하여 생산성을 어휘형성 규칙에 따라 설정하는 이론이 대두되었다. 송철의(1992)에서 생산력의 측정 방법은 어휘수의 기준에서 벗어나 어휘형성 규칙, 즉 파생어 형성규칙을 정하고 이 규칙에 해당되는 어휘수가 많을 경우에는 생산성이 높다

고 정의하고 있다. 이는 단순히 어휘수에 의한 생산성의 구명보다 진일보한 것이다. 김철남(1997)에서는 생산성이 만들어 낸 단어의 수에 의하여 판단하는 것은 만들어진 단어에 대한 생산성의 판단일 뿐, 새로운 단어를 만들어 낼 수 있는 가능성에 대한 판단은 되지 못한다고 지적하고 있다.

한편 어휘형성 규칙으로 인한 생산성의 측정은 생산된 단어수를 기준으로 하는 생산성보다 비교적 객관성을 띠는 방법을 보이나, 여러 문제점을 안고 있다. 생산성의 개념이 자칫 어휘형성 규칙이라는 개념적인 측면에 국한되어 실제 사용되는 어휘와 요원하게 되는 것이다. 이는 규칙에 의해 양산된 어휘가 실제 국어어휘와 일치할 수 없다는 어휘형성 규칙의 단점을 나타내는 것이다.

이러한 점으로 볼 때 생산성은 어휘형성 규칙보다는 형태소를 기준으로 정하는 것이 우선되어야 한다. 그러나 위에서도 언급하였듯이 형태소만으로 생산성의 개념을 언급하는 것은 상당한 무리가 따른다. 단지 하나의 형태소로 인하여 형성된 어휘가 많다고 하여 생산성이 있다고 할 수 없으며, 또한 어휘형성 규칙에 따라 이 규칙은 많은 어휘를 양산한다는 이론에서 설명될 성질의 것이 아니다. 그러므로 생산성 기준은 생성된 형태소를 기준으로 하되, 어휘형성 규칙은 보조적인 수단으로 활용되어야 한다.

2.1.2. 시간적 기준

어휘형성 규칙에 의한 생산성의 구명에 있어서는 시간적인 개념의 문제가 있다. 생산적이란 개념은 공시적인 관점과 통시적인 관점이 같은 기준으로 제시될 수 없다. 통시적으로 생산성이 높은 규칙이 음운, 형태, 의미의 변화로 인하여 공시적인 관점에서는 어휘형성 규칙을 설명할 수 없는 경우가 있다.

(2) 빌먹다

婆羅門이 그 말 듣고 고본 쏠 얻니노라 ᄒ야 빌머거
<석보상절 6:14>

坐禪ᄒ시다가 나라해 빌머그라 오시니 다 몰라보ᅀᆞᆸ더니
<월인석보 1:5>

솟나다

산하ㅣ 다토와 솟나며 <남명집언해 상6>

이런 寶塔이 따해셔 소사나니잇고 <석보상절 11:17>

놉ᄂᆺ갑다

臺와 亭子왜 따히 놉ᄂᆺ가오물 조차 ᄒ니 <두시언해 6:36ㄱ>

쉰 여듧차힌 소리 놉도 ᄂᆺ갑도 아니ᄒ샤 衆生이 즐겨 듣게 ᄒ시며 <월인석보 2:58ㄴ>

ᄺᅥ디다

큰 구데 ᄺᅥ러디다 호ᄆᆞᆫ 法 헐오 악도에 ᄺᅥ디다 하ᄃᆞᆺᄒᆞᆫ 마리라
<월인석보 11:106>

빼디여 ᄺᅥ러듀믈 도라보디 아니호미 <능엄경언해 6:87ㄴ>

됴궂다

됴쿠주믈 묻그리ᄒᆞ야 <석보상절 9:36>

살며 주거가는 ᄃᆡ와 됴ᄒᆞ며 구즌 業緣으로
<법화경언해 1:69ㄱ>

(3) 검프르다

　　大便이 通 티 아니ᄒᆞ야 ᄀᆞ장 브ᅀᅥ <u>검프르러</u>

　　<구급방언해 하32>

　　검븕다

　　술고ᄢᅵ 숩 <u>검븕게</u> 봇ᄀᆞ닐 곱ᄀᆞ티 디허 <구급간이방 1:29>

　　검석다

　　소서근풀 불휘 ᄒᆞᆫ 량을 소개 <u>검서근</u> 것 앗고

　　<구급간이방 2:109>

　　븕나모

　　이 ᄶᅡ히ᅥ 나ᄂᆞ니ᄂᆞᆫ <u>븕나모</u>이라 <牛疫方 10>

동사 어간에 동사가 직결되어 복합어를 형성하던 (2)와 같은 형식은 중세국어에서는 매우 흔한 단어 형성 방식이었다. 그러나 근대국어 이후에 오면서 선행동사의 부사형에 후행 동사가 연결되는 복합어가 더 흔해진 것이다.

그러나 현재 사용되지 않는 (2)의 예들은 (3)의 예에서 볼 수 있듯이 현대국어에까지 그 형태가 존재함을 알 수 있다. 물론 통사적인 구성체로 대체되는 과정에서 대다수의 언해 과정에서 나타난 '訓+訓'의 조어방식은 관용화된 일부만 남고 소멸되었을 것이다.

이상으로 알 수 있듯이 중세국어 당시에는 생산적이었던 조어 방식이 현대국어에 들어서 크게 변하고 있다. 이는 어휘 형상 규칙도 시간에 따라 변한다는 것을 방증하는 예로서 생산성의 잣대도 시간의 흐름에 맞추어 그 기준을 세워야 할 것이다.

(4)[2] 마개(막-+-애), 지붕(집+-웅), 마중(맞-+-웅), 주검(죽-+-엄)

    (5)   키(크-+-이), 두께(두껍-+-이), 무게(무겁-+-이)

위의 예에서 '-애, -웅, -엄'과 '크-, 두껍-, 무겁-, 긋-'의 경우 단어 내에서 재구조화, 의미변화, 품사 변화되었으므로 '마개, 지붕, 마중, 주검, 키, 두께, 무게' 등은 어휘화한 단어인 것이다. 어회화한 단어는 그 단어를 만드는 방법이 역사적으로 어떤 시기에 생산력이 있었다는 근거에서 파생어로 인정되지만, 공시적으로 생산성을 잃었다면, 파생어로 볼 수 없다. 여기에서 알 수 있듯이 생산성은 어휘화의 여부를 결정짓는 전제 조건이 되는 것이다.

또한 종전의 어휘화 개념도 이 생산성 이론에 맞추어 어휘형성 규칙과 더불어 설명되어야 한다. 어휘화의 개념을 '형태를 밝혀 적지 않는 말은 형태분석을 하지 않고 파생어의 범주에서 제외한다'에서 어떤 단어가 통시적으로 어휘형성 규칙에 의하여 만들어졌더라도 공시적으로 그 어휘형성 규칙에 생산성이 없고 또한 공시적인 어휘형성 규칙은 있되, 그 규칙에 의해 형성된 어휘가 적다면, 그 단어는 어휘화했다고 보아야 할 것이다.

2.1.3. 어구성의 기준

현재 생산성은 파생어 형성, 주로 접미 파생어에 국한하여 그 개념

---

2) 하치근(1992)에서는 예 1), 2)의 차이점을 명시하고 있다.
    1)의 예는 <-생산성>, <-어휘화>, <+재구조화>의 자질을 부여하여 파생어로 보며, 2)의 예는 <-생산성>, <+어휘화>, <+단순화>의 자질을 부여하여 완전 어휘화한 단일어로 보고 있다.

을 적용하고 있다. 그러나 국어어휘의 생산성을 검증하는 만큼 모든 어휘를 대상으로 해야 한다. 이는 접미 파생으로만 국어어휘가 형성되는 것이 아니기 때문이다. 그러므로 여러 가지 방식의 어휘형성 즉, 접미 파생뿐 아니라 접두 파생, 합성 또는 이른바 영변화 파생, 내적 파생까지도 생산성을 검증해야 한다. 그러나 이는 모든 어휘형성 규칙이 동일한 기준으로 제시될 수는 없다는 개념으로 설명할 수 있다. 파생어의 경우 접사에 의한 어휘형성을 구체적으로 밝히고 생산적인 접사도 제시할 수 있는 반면, 합성어의 경우에는 어휘형성에 관여하는 하나의 주체적인 성분을 밝히기에는 모호한 점이 많다. 또한 파생어는 접두사·접미사의 대략적인 수효의 측정3)이 가능하여 접사별로 생산성을 살펴볼 수 있다. 그러나 합성어는 어근의 성분4)이 되는 단어의 모든 목록을 제시하는 일이 불가능하므로 합성어는 어기 결합 양상별로 생산성을 측정하는 방법을 취할 수밖에 없다. 이는 '관형사 어기+명사 어기(오른손, 새서방 등)'에서는 어휘형성의 주체가 명사 어기에 있음을 밝힐 수 있는 반면, '명사 어기+명사 어기(논밭, 눈비, 위아래 등)'에서는 어휘형성의 주체를 밝히기에는 모호한 점이 있기 때문이다.

---

3) 최규일(1988)에서 고유어 접미사는 508개, 고유어 접두사는 183개로 제시하고 있다.
4) 김성규(1987)에서는 어기의 의미 자질로 생산성을 측정하는 방법을 취하고 있다. 어기의 의미자질이 사람들의 생활과 밀접한 관계가 있는 개념을 나타내거나, 사람들의 활동에서 보다 중요한 의의를 가지는 사실을 반영하면 그 의미 자질의 특성으로 인하여 어기가 다른 형태소와 결합할 가능성이 많으므로 생산성이 높다고 정의하고 있다.

(6) 합성명사

　　동사어기+명사어기　　　－ 째못, 호비칼, 튀밥 등

　　형용사어기+명사어기　　－ 늙바탕, 잔주름, 굳뼈 등

　　명사어기+동사어기　　　－ 빗접, 활비비, 낫놀 등

　　부사어기+명사어기　　　－ 모두머리, 딱총, 뚝심 등

　합성동사

　　동사어기+동사어기　　　－ 헐벗다, 파먹다, 깔보다 등

　　형용사어기+동사어기　　－ 같지다, 잔다듬다, 설익다 등

　합성형용사

　　형용사어기+형용사어기 － 재빠르다, 희맑다, 굳세다 등

위에서 언급하였듯이 합성어의 생산성은 제약이 있으므로, 의미 형성적인 측면이 아닌 결합양상으로 생산성을 검증해야 할 것이다. (6)의 예에서처럼 결합 양상에 따른 어휘화의 다양한 예가 나타나므로, 국어 합성어도 생산성의 범주에 포함하여 어휘화를 논하여야 할 것이다.

영변화 파생은 동일한 형태가 음상의 변화 없이 의미의 관련성을 유지하면서 품사범주를 바꾸는 파생이다. 이러한 영변화 파생은 생산성의 과정을 검증할 수 없고 또한 이러한 현상은 생산적인 과정이 아니다. 그러므로 영변화 파생은 생산성 논의에서 제외되어야 한다. 내적 파생은 의미 범주나 품사의 범주를 바꾸지 않고 단지 어감의 변화만 일으키는 파생이다. 그러므로 영변화 파생과 마찬가지로 생산성의 과정을 밝힐 수 없고, 단지 어감 분화에 의한 어휘의 증가 현상이므로 보편적인 규칙을 수립할 수 없다.

이러한 점으로 볼 때 생산성 이론의 적용 대상은 어휘형성 구조를

구조적으로 밝힐 수 있는 어휘를 대상으로 해야 할 것이다. 그러므로 생산적인 형태소도 제시할 수 있는 접미 파생어·접두 파생어와 어기 결합 양상별로 생산성을 측정하는 합성어를 대상으로 해야 할 것이다.

2.1.4. 어휘 범위의 기준

생산성 검증에 있어 그 척도가 되는 어휘 범위의 선정에 있어서도 기준이 필요하다. 생산된 어휘의 기준도 사전에 등재된 실제어를 대상으로 하는 경우, 사전에 등재되지는 않았지만, 일부에서 사용되고 있는 임시어를 대상으로 하는 경우, 어휘형성 규칙에 의해 존재 가능한 가능어까지를 대상으로 하는 경우로 나눌 수 있다. 여기서 말하는 임시어란 어휘형성 규칙이 적용되어 실제 사용례가 존재하는 어휘이고, 가능어는 어휘형성 규칙에 의해 도출된 앞으로 사용될 가능성이 있는 어휘를 말한다. 예를 들어 접미사 '-지기'의 파생어를 대상어별로 분류하면 예 (7)과 같다.

> (7) '-지기'의 파생어
> 　　실제어 : 등대-, 산-, 묘-
> 　　임시어 : 남산-, 무덤-
> 　　가능어 : 시장-, 극장-, 학교-

생산성 검증의 對象語로 실제어를 포함시키는 것에는 이견이 없다. 그러나 가능어와 임시어까지 포함시키는 데에는 여러 이견이 존재한다. 임시어를 대상어로 포함할 경우, 임시어는 아직 단어로서의 자격을 부여받지 못한 상태이기 때문에 어휘사용 한계를 규정짓기 어렵고, 또한 어휘사용 빈도수가 극히 낮으며, 문법적으로 사용 예가 입증되지 못하므로, 생산성 연구에 있어서는 제외되어야 한다는 견해가 있다. 이 논리에 따르면 가능어 또한 임시어의 하위 단계이므로 제외되어야 할 것이다. 그러나 임시어와 가능어의 어휘체계상의 장점이 없는 것은 아니다. 의미장의 빈자리를 어근 창조와 신어 조성으로 보충할 때, 어근 창조보다 신어 조성 방법이 더 효과적으로 이용되고 있는 점이다. 이는 기존의 단어와의 유연성을 유지하여 사용할 수 있는 利點이 있기 때문이다.

또한 실제어만을 생산성 논의 대상어로 할 경우에 어휘의 실제 사용 형태에 대한 오류를 범할 소지가 있다. 그러므로 사전에 수록된 실제어를 대상으로 하고 경우에 따라 일상 대화와 간행물 등에 나타나는 임시어도 대상어에 포함시켜야 한다. 그러나 임시어를 대상어에 포함하는 경우에 있어서도 문법적으로 검증되지 않은 문제점이 나타난다. 일상대화에 있어서는 화자의 주관적인 어휘 사용이 두드러지고, 간행물의 경우 일상 대화에서는 볼 수 없는 규범적인 어휘 사용이 나타난다. 또한 조사자가 이러한 자료에서 대상 어휘를 선정할 경우 직관에 의해 좌우되므로 대상어의 선정은 사전 어휘, 즉 실제어를 대상어로 삼고 사용례가 나타나는 임시어는 보조자료로 이용될 수 있을 것이다.

2.2. 어휘화의 개념

어휘화는 어휘형성 규칙으로 설명하기 불가능한 공시적인 단어를 대상으로 한다. 즉, 어원적·분석적인 관점에 의한 형태소 연구의 단점을 극복하고, 공시적·종합적인 관점에 의한 형태소 결합의 과정을 대상으로 한다. 또한 이 두 과정에서 나타나는 차이점을 극복하기 위해 필요한 개념이기도 하다. 그러므로 어휘화란 공시적인 어휘형성 규칙에 의해 설명될 수 없는 단어의 음운, 형태, 의미론적 불규칙 정보를 세분화하여 어휘형성광정을 설명하기 위한 개념인 것이다. 어휘화의 연구는 국어어휘 체계를 보다 투명하게 제시할 수 있을 것이다. 어휘화의 개념에 대한 지금까지의 논의 중 대표적인 몇 견해를 먼저 살펴보기로 한다.

김성규(1987:17)에서는 어휘화란 단어 형성과 관련된 문제로 한 단어를 분석하여 그 형태소들을 다시 결합시킬 때 그 단어의 음운론적, 형태론적, 의미론적 특성을 규칙적으로 예측할 수 없는 경우로 한정하고 있다.

송철의(1989:42)에서는 파생어는 어기와의 파생관계가 멀어지게 되어 공시적인 파생어 형성규칙으로는 생성할 수 없는 상태에 이르게 되었을 때 어휘화했다고 말한다. 어휘화란 어기와 파생어와의 파생관계가 규칙적으로 예측할 수 없는 경우를 말한다고 정의하고 있다.

강진식(1992:39)에서는 하나의 형태소가 문장 속에서 통사적 범주를 달리하기 위하여 새로운 어떤 기제가 사용되었을 때, 그 새로운 형태가 어간으로 쓰일 수 있다면, 그것을 어휘화되었다고 한다. 다시 말하면 어휘화란 단어 형성과 관련된 문제로서 하나의 단어를 분석해서 나타난 형태소를 다시 결합시킬 때 그 단어의 음운론적, 형태론적, 의미론적 특성을 규칙적으로 예측할 수 없는 경우로 제시하고 있다.

하치근(1992:7)에서는 어휘화란 공시적인 규칙에 의해서 제공될 수 없는 단어의 불규칙한 정보를 지칭하기 위한 개념으로서, 어휘화한 단어는 단어 형성규칙에 의해 만들어질 수 없으므로 어휘소 목록에 올려야 하고, 그 단어에는 어휘화한 정보를 주어야 한다고 정의하고 있다.

이승재(1992)에서는 어휘화의 개념을 말 그대로 풀이하여 어휘적 의미가 없는 문법소가 어휘적 자질을 갖는 자립적 어휘소로 되는 현상으로 정의하였다. 지칭하는 대상은 같으나 설명 방법에서 약간의 차이가 있을 뿐이다. 이러한 차이는 어휘화의 개념과 범위를 한정하려는 苦心의 흔적이라 할 것이다.

다음에서 이러한 대상이 되는 어례들을 살펴보기로 한다.

> (가) 기차보다 비행기가 빠르다.
> (나) 보다 높은 이상을 위하여
> (다) 나는 앞으로 보다 더 큰사람이 되도록 노력하겠다.

(가)에서는 조사로 쓰이던 '-보다'가 (나), (다)에서는 자립적인 부사로 쓰였다. 이런 현상은 보편적이지는 않지만, 口語에서는 어렵지 않게 그 용례를 찾아볼 수 있다. 이와 비슷한 용례로는 '때문에, 마냥, 마저5)' 등이 있다. 그러나 이러한 예들은 통시적으로 그 연원을 추정

할 때 각각 문법소가 아닌 부사에서 조사로 되었거나, 부사·조사 모두 같이 그 사용 양상이 공존해 온 것으로 추정할 수 있으므로, 어휘화를 '허사의 실사화'로 한정지을 경우 어휘화 개념의 한계가 불분명해진다. 그러므로 어휘화의 개념을 허사의 실사화라는 개념보다는 복합어의 단일어화 개념으로서 즉, 두 형태소 이상이 결합함으로써 형태에 변화가 생겨 그 성분간의 경계가 불분명해지고 새로운 의미로 변화되어 새로운 어휘로 굳어지는 현상을 근간으로 해야 할 것이다.

어휘화의 몇 가지 예를 들어 설명하고자 한다.

    (8) 1) 블-:븕-, 믈-:믉-, 뭇-:뭇ㄱ-

        2) 무덤(←묻-+-엄), 주검(←죽-+-엄), 마감(←막-+-암)

           지붕(←집+-웅), 마중(←맞-+-웅)

        3) 키, 노름, 고비, 이바지

(8. 1)과 같은 단어는 형태 변화가 나타나기는 하지만, 현재는 단순 음운 변화에 의한 고착화 과정을 거친 단일 형태소로서 한 개의 어휘소, 한 개의 형태소 구성이다. 그러니 (8. 2)는 어기와 접사가 결합하여 형태소 경계에 변동이 일어나 재구조화된 파생어이다. 그런데 (8. 2)에 결합된 '-엄, -암, -웅'과 같은 접사는 결합되는 어기가 극히 제한되어 있고, 생산성이 낮으므로 불규칙적인 접사의 부류에 포함시켜 이를 한글 맞춤법에서도 원형을 밝히지 않고 소리나는 대로 표기하도록 규정되어 있다.

---

  5) 부사로 쓰인 경우 -述은 ᄂᆞ미 이롤 ᄆᆞ즈 일울씨라<법화경언해 1:21>

    조사로 쓰인 경우 -내 ᄆᆞ자 니즈니 눔이 아니 니즈랴<청구영언 37>

그러나 (8. 2)와 같은 단어를 어휘화한 완전한 단일어로 처리하는 데에는 의문이 있다. (8. 2)는 어원적으로 어기와 접사의 구분을 쉽게 파악할 수 있으며, 어기가 실재하여 어기와 파생어 사이에 형태·의미의 유연성을 찾아볼 수 있다. 그러나 이 접사들은 생산성 상실, 재구조화, 통시적 특성의 변화로 어휘화의 범주에 포함시키고 단어 형성규칙에 <재구조화>, <-생산성>의 정보를 주어 어휘화의 특성을 나타낼 수 있다.

(8. 3)은 언중이 파생어의 기저를 전혀 고려하지 않고 사용하는 말이며, 또 파생어의 기저를 고려한다고 해도 어기와 파생어 사이에 의미상의 유연성을 찾아볼 수 없는 예이다. '키'는 어원적으로는 '키 ← 크-+-이'와 같은 분석이 가능하지만, '크-+-이 → 키'의 결합 과정은 공시적인 규칙 설정이 불가능하기 때문이다. 이는 공시적인 규칙 설정이 가능한 '길이, 높이, 깊이, 넓이'와 같은 명사는 <척도>의 뜻을 공통적으로 가지고 있으나, '키'는 <신장>의 뜻으로 분화되었고, 그 의미상의 빈자리에 <척도>의 명사 '크기'가 보충되었다. 이와 같은 불규칙한 정보를 단어 형성규칙에 반영할 수 없으므로 형태론적, 의미론적으로 어휘화했다고 볼 수밖에 없다. 그리고 '노름'은 '놀-+-음'으로 어원적인 형태 분석이 가능한데 (8. 2)와 같이 형태소 사이에 경계 변동이 일어나 재구조화 된 말이다. 그런데 어기 '놀-'은 '놀다'의 뜻이 있으나, '놀음'은 '도박'의 의미로 바뀌어 의미적인 유연성이 멀어졌다. 따라서 '놀음'은 (8. 2)와는 달리 재구조화에 의미의 특이성까지 첨가되었으므로, 어휘화된 한 개의 형태소로 처리된다.

어휘화는 새로운 단어나 형태소를 만들어 낼 수도 있다는 점에서 문법 변화의 한 단면을 볼 수 있을 뿐만 아니라, 형태론적으로 다른 구성을 나나내기도 하므로, 형태론 연구에 기여할 수 있다. 또한 어휘화는 새로운 단어를 만들어 낸다는 점에서 어휘론과 관련을 맺고, 아직까지 어원이 밝혀지지 않은 단어들 가운데 일부는 어휘화의 원리를 적용시켜 어원을 밝히는 것도 가능할 것이다. 또한 언어 변화로 말미암아 합성어가 규칙성을 상실한 경우도 어휘화의 단계이다. 규칙성 즉, 어휘형성 규칙의 상실은 음운, 형태, 의미 등 여러 층위에서 나타난다.

이러한 어휘화에 대한 인식이 한글 맞춤법에서도 반영되고 있다는 사실이 흥미롭다. 한글 맞춤법은 파생어 표기에 있어 원형을 밝혀 적는 경우와 원형을 밝혀 적지 않는 경우를 구분하고 있는데, 이중 원형을 밝혀 적지 않는 경우란 대체로 어휘화한 단어에 해당함을 알 수 있다. 이와 같이 어문 규정에서 어휘화의 개념을 적용하여 '원형을 밝혀 적지 않는 예'라 하여 일반 언중들이 혼동하기 쉬운 단어, 학습하기 어려운 단어를 열거하고 있다. 어문 규정은 주로 형태와 소리, 사용상을 위주로 이러한 원칙을 세우고, '다만, 붙임' 항목을 설정하여 어휘형성 규칙에 예외적인 단어들을 열거하고 있다

지금까지 논의한 어휘화의 정의를 여러 어례를 통해 풀이하고자 한다.

> (9) 1) 곰 – 1. 포유동물 식육목 곰과의 동물을 통틀어 이르는 말
> 2. 미련한 사람

형광등 – 1. 진공 유리관 속에 수은과 아르곤을 넣고 안족
벽에 형광물질을 바른 전등
2. 반응이 느린 사람

2) 목놀림 – 어린애의 목구멍을 축일 만한 정도로 적게 먹이거
나, 그만큼 나는 젖의 분량 *목을 놀리는 일

대못박이 – 아주 어리석고 둔하여 가르쳐도 깨닫지 못하는 사람
*대못을 박는 일

손씻이 – 남의 수고에 대하여 주는 적은 물건
*손을 씻는 일

3) 반듯이 – 반드시
있다가 – 이따가
놀음 – 노름

위의 예 (9. 1)은 형태 변화 없이 다의현상에 의해 단순하게 의미만
확대된 단어는 어휘화의 범주에 포함시키지 않는다. 이러한 예는 본
래 단어의 의미에서 추론된 은유, 제유, 환유에 따른 다의적 성격을
가지는 것으로 처리해야 할 것이다. 그러나 (9. 2)의 예는 사전적인
정의에서도 본래 각각의 형태소의 의미 결합으로 추론된 의미가 아
닌 전혀 다른 의미로 전이되어 사용되는 예들이다. 그러므로 (9. 2)는
재구조화나 생산성과 관계없이 구성 성분의 의미 자질로는 그 의미
를 추정할 수 없으므로, 의미론적으로 어휘화의 범주에 포함된다. 또
한 의미 변화와 동시에 형태 변화까지 수반한 (9. 3)은 어휘화한 단어
로 처리해야 할 것이다.

(10) 빗복 > 빗곱 > 배꼽

　　서벅서벅 > 버석버석

　　히야로비 > 흐오라비 > 해오라비

　　아야로시 > 애야로시 > 애오라지

　(10)은 음운 도치된 단어로서 원어가 소멸되거나, 원어는 살아 있으나 원어와는 전혀 다른 의미로 사용된다면 어휘화의 범주에 포함된다. 의미상으로는 동일하고, 음운 도치의 변화가 나타난 경우, 통시적으로 원어가 소멸되었으면 어휘화의 범주에 포함시킨다. 이는 공시적으로 그 원어에 대한 사용상과 문법적 근거를 추정할 수 없고, 원어가 소멸되었거나 원어와는 다른 사용 양상을 보이므로, 어휘화의 범주에 포함시켜야 할 것이다.

　준말의 경우 어휘형성 규칙으로 체계화하기 어렵지만, 준말과 본말 사이에 어떤 관련성이 발견된다면 어휘화의 범주에 포함될 수 없다. 이는 화자가 자신이 사용하고 있는 준말과 본말의 연관성을 인지하고 있기 때문이다. 즉, 인지하고 있다면 하나의 본말과 준말을 하나의 단어로 인식하고 있고, 준말과 본말에 서로 연관성이 없나면 두 개의 서로 다른 단어로 인식하는 것이다.

(11) 1) 생원님　－ 상사람이 선비를 부르던 말

　　　샌님　　－ 얌전하고 고루한 사람을 놀림조로 이르는 말

　　　당초에　－ 일이 생기기 시작한 처음에

　　　당최　　－ '도무지', '영'의 뜻을 나타내는 말

　　　금시에　－ 지금

　　　금세　　－ 벌써

> 2) 그것봐　－　것봐,　　　할머니네 － 할먼네6)
> 　공연히　　－　괜히,　　　불고기 백반 － 불백
> 　그것은　　－　그건,　　　가지다 － 갖다

준말의 경우 단순한 형태변화를 벗어나 의미변화까지 수반되었다면 어휘화의 범주에 포함된다. 준말은 본말과 준말의 경계를 본말로 확인할 수 있으나, 형태가 변하고 의미 변화까지 나타난다면 그 원형을 추측하기 어렵다. (11. 1)은 그 연원이 각각 '생원님, 당초에, 금시에'에서 온 단어로 추측되지만, 그 준말이 본말과 멀어져 그 형태마저도 추정할 수 없다. 그러므로 (11. 1)은 어휘화된 어례이다. 그러나 (11. 2)는 단순 형태 변화만 나타난 준말로 의미 변화 없이 단어의 사용 행태상 나타나는 준말에 불과할 뿐이다.

> (12) 점잖다　－　젊지 아니하다　　　－　*점잔하다
> 　귀찮다　－　귀하지 아니하다　　　－　*귀찬하다
> 　괜찮다　－　관계하지 아니하다　　－　괜찬하다

형태 재분석의 오류는 어휘화의 범주에 포함시키지 않는다. 예(12)는 어휘화된 준말의 형태를 재분석하는 과정에서 나타난 오류로 '점잖다, 귀찮다, 괜찮다'를 다른 형태의 준말로 분석하여, 각각 '점잔하다, 귀찬하다, 괜찬하다'로 그 어원을 잘못 추정한 예이다.

어휘화의 개념과 더불어 어휘화의 범위를 밝히는 작업도 필요하다.

---

6) 이지양(1998)에서는 어휘화의 한계를 의미변화 없는 탈락과 축약까지 확대하여 '할머니네>할먼네, 그것봐>것봐' 등을 '어휘화된 융합형'이라고 정의하고 있다.

음운, 문법, 의미론적인 측면에서 어휘화를 형태소에서부터 문장까지 확대하는 경우가 있기 때문이다. 그러나 어휘화의 개념은 어휘부의 등재 즉, 하나의 실제 단어를 대상으로 다루어져야 한다. 구, 절, 문의 경우도 하나의 단어의 역할을 하게 되면 어휘화의 범주에 넣는 경우도 있으나, 이러한 화용론적 어휘화는 어휘화의 범주에서 제외해야 할 것이다.

(13) 간이 크다 – 매우 대담하다.
큰 코 다친다 – 대수롭지 않게 여기다가 화를 입다.
가슴에 못을 박다 – 마음에 큰 상처를 입다.
낫 놓고 기역자도 모른다 – 무식한 사람을 이르는 속담

(13)의 예는 의미가 변화된 문장 단위를 한 단어로서 사용된다면 어휘화의 범주에 포함시킨다는 화용론적 어휘화의 예이다. 그러나 한 단어처럼 사용된다는 조건이 문법적인 조건이 아니라, 의미상 한 의미로 사용된다는 조건이므로 어휘형성의 측면에서의 어휘화와 화용론적 어휘화는 상관관계가 없다. 그러므로 이러한 구, 절, 문의 의미 변화 현상은 이른바 관용어화의 범주에 포함시켜야 할 것이다.

어휘화의 개념에 대하여 위와 같이 정의할 때, 제기되는 문제 하나가 예전부터 사용해 오던 화석화라는 개념과 혼돈된다는 점이다. 화석에 대한 새로운 논의는 이승재(1992)에서 시작되었는데, 여기에서 융합과 관련하여 '형태의 화석, 기능의 화석, 의미의 화석'이라는 개념이 설정되었다. 이를 이어 받아 송철의(1993)에서는 화석의 개념을

정리하고 화석의 유형을 세분하면서, 화석화와 어휘화의 개념 차이를 밝혀 보고자 하였다. 그 결과 화석화는 구성요소에, 어휘화는 구성체에 적용되는 개념으로 파악하려 하였다.

화석화는 어휘화의 상위 개념으로 화석화에는 생산성의 개념이 결여되어 있다. 즉, 생산성의 잣대로 화석화를 해석할 경우, 어휘형성 규칙 또는 결합 형태소의 생산성을 고려하지 않은 개념이다. 단지 어휘형성에 참여하는 구성요소를 공시적 또는 통시적으로 그 연원을 밝힐 수 있느냐의 문제이다. 그러므로 어휘화와 화석화는 개념상으로 볼 때 일부분을 공유하고 있지만, 어휘형성 규칙과 생산성이 적용되지 않는다는 차이점이 있다.

현대국어의 접사 중에는 본래 자립적으로 사용되던 단어였으나, 통시적 변화를 거쳐 어간이나 어근과 결합하여 일정한 의미를 더하는 문법적인 역할을 하는 것이 있다. 이처럼 독립적으로 사용되던 단어가 그 자격을 잃고 의존적인 형태소 혹은 문법적인 요소로 변화하는 것이 문법화 현상이다. 이 문법화 현상은 언어 변화의 통시적 과정에서 비롯되었다는 점에서 어휘화와 공통점이 있다.

> (14) 갓바치, 성냥개비
> 내걸다, 내놓다
> 한길, 한가위, 한물
> 빗맞다, 빗나가다

여기서 '-바치'는 '기술자, 전문가'를 뜻하는 명사였고, '내걸다, 내놓다'의 '내-'는 '進'을 뜻하는 동사로 사용되었다. '빗'은 '橫'을 뜻하는 부사로 사용되었으며, '한-'은 '大, 多'를 뜻하는 형용사였다. 이렇게 실사로 쓰였던 단어가 일련의 과정을 거쳐 문법적 의미의 허사로 전환되어 문법화된 예이다. 문법화는 단어의 문법소 형성 과정으로 어휘화와는 상반된 경향으로 나타난다. 즉 통시적 언어 변화의 흐름에서 단어의 사용 양상에 따라, 문법적 필요성에 따라 문법화, 어휘화가 진행되는 것임을 알 수 있다.

지금까지의 논의를 종합하여 어휘화의 범위를 한정하고자 한다.

첫째, 공시적인 어휘형성 규칙으로 설명이 불가능한 단어

어휘화의 기본적인 개념으로 통시적인 어원 분석으로는 그 기저를 밝힐 수 있더라도, 현재의 어휘형성 규칙으로는 그 기저를 밝힐 수 없는 어휘이다. 즉, 국어 어휘체계에서 어휘형성 규칙으로는 도출될 수 없는 단어를 지칭한다.

둘째, 생산성이 없는 형태소와 결합한 단어

어휘형성 과정에서 결합하는 접사, 어근이 생산성이 결여되어 다른 형태소와 결합하지 못하는 단어를 어휘화의 범주에 포함시킨다. 이는 다른 형태소와 결합 양상을 보이지 않는 고립된 것으로서, 국어 어휘체세에서 그 예를 다수 찾아볼 수 있다.

셋째, 어휘부에 표제어로 수록된 단어

사전에 수록된 단어는 사용 빈도수에 관계없이 문법적으로 사용 예가 입증되었으며, 하나의 개념을 지칭하는 실제어이다. 그러므로 어휘화의 대상은 실제어를 대상으로 하며, 보조 자료로 임시어, 나아가 가능어도 보조 자료로 활용될 수 있을 것이다.

넷째, 형태소의 경계가 무너져 재구조화된 단어[7]

어휘형성 과정에서 나타나는 형태소 결합에 수반된 형태변화는, 그 본래 형태소를 공시적으로 추출할 수 없어 하나의 형태소로 인식되는 경우이다. 즉, 결합 성분을 분석할 수 없어 그 어휘의 구성 성분을 명확하게 제시할 수 없는 어휘를 말한다. 이러한 완전하게 구조화된 어휘는 어휘화의 범주에 포함시킨다. 이는 통시적, 분석적 과정을 거치지 않으면 단일 형태소로 인식되는 경우이다.

다섯째, 의미변화가 나타난 단어[8]

의미 변화로 말미암아 본래 의미에서 멀어진, 분화 전이된 단어, 극히 제한된 상용 형태를 나타내는 단어는 어휘화의 범주에 포함된다. 이는 형태가 변하지 않았더라도 본래의 의미에서 멀어져 본의미를 추정할 수 없는 경우이다.

이러한 요건을 종합하여 어휘화의 기준을 도시하고자 한다.

<±규칙화>, <±생산성>, <±어휘부등재>,
<±재구조화>, <± 의미변화>

지금까지 논의된 어휘화의 개념을 종합하면, 어휘화는 단어의 사

---

7) 하치근(1993:181)에서는 재구조화를 두 가지 유형으로 분류하고 있다.
　　1) 두 개 이상의 형태부가 하나의 형태부로 통합되는 형태변화. 문-열-이→무녀리.
　　2) 형태부 경계가 달라지는 형태변화. 암ㅎ+것→암컷.
　　　이중 '무녀리'는 형태 경계와 의미변화를 수반하였으므로, 어휘화의 범주에 포함된다. 그러나 '암컷'은 이러한 어례가 나타나므로, 화석화의 범주에 포함시켜야 할 것이다.
8) 의미변화의 조건은 위의 조건에 수의적으로 나타난다.

용 양상에 따라, 문법적 필요성에 따라 구성 성분들이 음운·형태·의미적으로 긴밀하게 결합하여, 분석과 결합 과정에서 나타나는 어휘형성상의 특이성을 설명할 수 없는 현상이다. 공시적인 음운·형태·의미상의 어휘형성 규칙으로 설명될 수 없고, 생산성이 없는 형태소와 결합하여 다른 형태의 단어를 찾아볼 수 없다. 또한 형태소간의 경계가 무너져 그 구성체의 결합과 성분을 밝힐 수 없고, 즉 원어와의 연관성을 찾을 수 없게 재구조화 되어, 사전에 수록되고 단일어로 처리되는 어휘 현상이다.

3. 어휘화의 양상

　언어 형식은 구성 성분의 결합관계에 의하여 그 양상이 밝혀져야 한다. 이 결합관계를 파악하는 과정을 통하여 비로소 언어형식의 문법적 사용 형태를 구명하고 실제 언어생활에 적용할 수 있는 것이다. 그러므로 이러한 결합관계를 구명할 수 없는 어휘화 현상을 투명하게 제시함으로써, 국어 어휘형성에 나타나는 제반 현상을 보다 쉽게 설명할 수 있다.

　생산적인 구조를 가지는 어휘는 그 구성 성분들이 서로 유기적인 관계로 긴밀하게 결합된 모습을 보여 주고 그 설합에도 규칙성이 있다. 그러나 규칙성이 무너지면 그 결합체는 생산적인 모습을 보여주지 못하고 결합 방식을 상실한 채 하나의 구성체로 인식된다. 그러므로 이러한 구성체를 효과적으로 처리하기 위해서는 어휘화의 개념에 입각한 유형적 분류가 수반 되어야 한다. 이 장에서는 앞장에서 제시한 어휘화의 개념에 준하여 국어 어휘체계에 나타나는 어휘화 현상을 유형별로 분석하여 제시하고자 한다. 따라서 어휘화의 유형을 그 대표적인 특징에 따라 음운론적 어휘화, 형태론적 어휘화, 의미론적

어휘화로 분류하여 한국어 어휘체계에 나타나는 어휘화 현상을 정리
하였다. 그러나 본고에서는 單音節語와 어휘화의 몇 가지 연관관계
에 대하여도 밝혀보았다.

3.1. 음운론적 어휘화

언어 형식들이 결합하는 과정에 나타나는 음운현상을 공시적인 음
운규칙으로 설명할 수 없을 때, 이런 현상이 음운론적인 어휘화이다.
즉, 음가의 변화, 음운의 소멸, 음운 형태의 변화로 인하여 나타나는
음운체계의 변화가 어휘체계에도 그대로 반영되는 것이다. 그러나 음
운론적 어휘화의 대상이 되는 것은 형태소간의 결합에 나타나는 음
운규칙상 '특수성'이 두드러진 형태가 대상이 된다. '특수성'과 '일반
성'을 가진 일부의 형태 음운규칙의 적용 대상이 여기에 해당되고,
'일반성'이 있는 음운규칙[1]의 적용 대상은 논의에서 제외된다.

음운변화에 의해 나타나는 어휘화 현상을 그 양상에 따라 음운 변
이에 의한 어휘화, 화석화에 의한 어휘화, 음절변화에 의한 어휘화로
세분하여 각각의 유형적 특성을 살펴보기로 한다. 음운변화에 의한
어휘화는 어휘형성에 수의적으로 나타나는 음운 변화현상에 주안점
을 두고, 음절의 변화는 없이 어휘화된 단어만을 대상으로 한다. 이는
어휘형성시 음운의 변화, 음절의 변화에 의해 나타나는 어휘에 대한
인식도가 다르기 때문이다.

---

1) 단모음화, 원순모음화, 비음화 등 일반적으로 나타나는 현상인 동시에 그 용례가
   많이 나타나는 음운변화는 제외된다.

3.1.1. 화석화에 의한 어휘화

음운의 변화는 음운체계의 변천으로 나타난다. 음운들은 서로 긴밀하게 연관되어 있으므로, 어떤 음운이 음가가 변하거나 소멸되면 기존의 음운 체계는 새로운 음운체계로 나타난다. 그러므로 소멸되었거나 형태가 바뀐 음운은 예전의 모습 그대로 새로운 체계에 나타나지 않는 것이다. 그러나 어떤 음운이 음운체계 속에서 완전히 소멸되었다 하더라도 본래의 어휘에 흔적으로 남아 현대국어에서도 발현되는 경우가 있다. 대표적인 경우가 'ㅂ'계 자음으로 근대국어 시기에 경음으로 바뀌어 현재는 'ㅂ'이 현대국어 어휘에 화석화되어 나타난다. 이 음운현상은 'ㅂ'이 온전하게 발현되는 경우와 'ㅂ'이 앞의 자음과 동화되어 그 흔적만 발현되는 경우로 나눌 수 있다.

(15) 솜씨(손+삐), 함께(흔쁴)

(15)의 예 '솜씨'의 古語는 '손삐'인데, 이는 원래 '손'과 '쓰-'의 파생명사외 '삐(쓰+이)'의 합성어 '*손삐'가 '손삐'로 바뀌고, 이것은 다시 '솜삐'로 바뀐 것이다. '손삐'가 '솜삐'로 바뀐 것은 손의 /ㄴ/이 뒤의 /ㅂ/과 동화되어 /ㅁ/으로 바뀌었기 때문이다. 그 후 /ㅄ/은 /ㅆ/으로 바뀌어 바로 '솜씨'로 어휘화된 것이다. 아울러 이 '솜씨'는 음운론적 어휘화 현상을 주로 하여 의미적인 변화까지 즉, '일을 처리하는 수완'이라는 의미도 추가되어 어휘화 현상을 더욱 확고히 하고 있다.

'함께'는 관형사 '흔'과 명사 '쁴(時)'가 결합하여 이루어진 단어이다. 再構해 보면 '*흔쁴'에 접사 '이'가 결합된 '흔쁴'가 본래 형태이다.

그러나 여기서도 '함께'와 마찬가지로 '흔'의 /ㄴ/이 뒤의 /ㅂ/과 동화되어 /ㅁ/으로 바뀌어 '홈쁴'가 되었다. 즉, '*흔쁴 > 흔쁴 > 홈쁴 > 홈쁴 > 함께'의 과정을 거쳤고, 품사와 의미 또한 변화되어 현재 어휘화된 단일어로 인식되고 있다.

> (16) 멥쌀, 볍쌀, 움쌀, 입쌀, 좁쌀, 찹쌀, 햅쌀, 핍쌀
> 볍씨, 웁씨, 춉씨
> 입때, 접때
> (17) 수캉아지, 수캐, 수컷, 수키와, 수탉, 수탕나귀, 수퇘지, 수평아리, 살코기, 안팎, 암컷 등

특정 음운이 음운체계에서 완전히 사라졌다고 하더라도 본래의 어휘에 흔적으로 남아 현대국어에서도 발현되어 나타나는 경우에는 어휘화와 화석화가 구별되어야 한다. 앞에서 설명하였듯이 어휘화에는 <-생산성>의 자질을 갖게 되고, 화석화의 경우는 생산성의 정도가 고려되지 않는 개념이다. 또한 어휘화의 범주에 포함되려면, <+재구조화>자실이 충족되어야 한다. 그러나 (16), (17)의 예는 통시적으로는 형태소 분석이 가능하다. 그러나 구성요소에 나타나는 화석화로 말미암아 이 화석화 현상을 포함한 형태소의 결합으로 인하여 그 구성체에 영향을 끼쳤으므로, 화석화에 의한 어휘화의 범주에 포함된다.

음운은 서로 긴밀하게 연관되어 있으므로, 어떤 음운이 음가가 변하거나 소멸되면 기존의 음운체계는 새로운 음운체계로 나타난다. 그러므로 소멸되거나 형태가 바뀐 음운은 예전의 모습 그대로 새로운 체계에 나타나지 않는다. 화석화에 의한 어휘화 현상은 이러한 음운

변화의 흔적을 그대로 반영하여 국어어휘 체계에 하나의 음운현상으로 자리 잡고 있다. 화석화에 의한 어휘화의 대표적인 예가 'ㅂ'계 자음으로 근대국어 시기에 경음으로 바뀌어 현재는 'ㅂ'이 현대국어 어휘에 화석화되어 나타나는 현상인 것이다.

3.1.2. 음운변이에 의한 어휘화

음운변이에 의한 어휘화는 음운의 교체, 전이, 축약 등 일련의 음운론적 현상들이 기존의 음운 규칙으로는 설명될 수 없는 예를 말한다. 이는 음운 현상에서 나타나는 일반적인 흐름으로 예측할 수 없는 현상인 것이다.

> (18) 더위 (덥-+ -이 → 더위 -*더이)
>   추위 (춥-+ -이 → 추위 -*추이)
> (19) 구이 (굽-+ -이 → 구이 -*구위)
>   넝마주이 (넝마줍-+ -이 → 넝마주이 -*넝마주위)
>   가까이 (가깝-+ -이 → 가까이 -*가까위)
>   새로이 (새롭-+-이 → 새로이 -*새로위)

(18)의 예는 대표적인 음운론적 어휘화의 예이다. 이 예들은 공시적인 음운규칙으로 설명되지 않는다. /ㅂ/ > /ㅸ/ > /ㅇ/[2]으로 약화

---

2) /ㅂ/이 약화 탈락되는 현상을 /ㅂ/ > /ㅸ/ > /ㅇ/, 또는 /ㅂ/ > /ㅸ/ > /w/로 제시할 수 있다. 이 두 변천 양상을 (18) - (21)의 예처럼 규칙적인 현상으로 받아들일 경우 예 (18)도 어휘화가 아닌 규칙적인 품사 전성으로 받아들여야 할 것이다. 그러나 품사 전성으로 나타나는 예에서는 오직 예 (18)에서만 /ㅂ/ > /ㅸ/ > /w/ 현상이 나타나므로, 예 (18)은 어휘화의 범주에 포함하고자 한다.

탈락된 경우는 통시적으로 그 예를 상당수 찾아볼 수 있지만, '더위, 추위'는 완전히 재구조화되었으며, 어휘형성 규칙에 따른 '*더이, *추이' 또는 '*추비, *더비'의 형태를 보이지 않으므로 음운론적으로 어휘화된 예이다. 접미사 '-이'가 '-위'로도 사용된다는 예는 없다.

  (19)에서는 어간 '굽-, 넝마줍-'에 명사 접미사 '-이'가 결합되어 파생어 '구이, 넝마주이'가 형성되어 국어어휘의 규칙적인 형성 과정을 보여주지만, '*넝마주위, *구위'같은 어휘는 나타나지 않는다. 또한 '가깝-, 새롭-'에 접미사 '-이'가 결합되어 파생어 '가까이, 새로이'를 형성한 예에서도 방증된다. (19)의 음운규칙대로라면 (18)에서도 같은 음운환경이므로 '*더이, *추이, *추비, *더비'가 되어야 함에도 '더위, 추위'로 나타나므로, (18)의 예는 일반적인 음운규칙에 어긋나는 특이한 현상인 것이다.

      (20) 두께 (두껍-+ -이 → 두께- *두꺼이)
          무게 (무겁-+ -이 → 무게- *무거이)
      (21) 반가이 (반갑-+ -이 → 반가이- *반개)
          즐거이 (즐겁-+ -이 → 즐거이- *즐게)

  (20)의 '두께, 무게'는 어간 '두껍-, 무겁-'에 접미사 '-이'가 결합된 '두껍-+ -이, 무겁-+ -이'에서 생성된 것이다. 이는 공시적으로 어휘형성 규칙에 합치될 수 없으므로, 음운론적으로 어휘화된 예이다. 왜냐하면 이 규칙을 따른다면 예 (21)에서도 '반갑-+- 이, 즐겁-+ -이' →'*반개, *즐게'가 되어야 할 것이나 이런 규칙은 허용되지 않기 때

문이다. 즉, 예 (20)은 일반적인 축약, 탈락에 위배되고, 형태소의 경계가 무너져 완전히 재구조화되었으며, 어휘형성 규칙에 따른 '*두꺼이, *무거이'의 형태를 보이지 않으므로, 음운론적으로 어휘화된 예이다. 이는 접미사 '-이'가 어기에 축약되어 발현되는 경우로 어휘형성에 참여한 구성 요소가 다른 구성 요소에 축약되어 나타나는 어휘는 어휘화의 범주에 포함된다. 앞 음절에 영향을 주거나 뒷 음절에 영향을 주는 어례는 통시적으로는 자연스러운 현상이지만, 예 (20)과 같이 구성 성분 자체가 흡수되어 실현되는 어휘형성 규칙은 없다.

> (22) 고프- < 골프- (곯-+ -ㅂ-)
>   아프- < 알프- (앓-+ -ㅂ-)
>   슬프- <슬프- (*슳-+ -브-)
>   애달프- <애돌프- (*애닳-+ -ㅂ-)

예 (22)는 어간과 접사 결합에서 나타나는 음운현상으로 인하여 이루어진 어휘화 현상이다.[3] (22)의 원리에 따라 '곯-, 앓-, *슳-, *애닳-'를 어간으로 설정하고 여기에 섭미사 '-ㅂ-, -브-'의 결합으로 그 연원을 추정할 수 있다. 이 (22)의 어례가 음운론적으로 어휘화된다는 가장 큰 이유는 유기화로 인한 어휘형성 규칙의 상실이다. 즉, 어간 '곯-'이 접미사 '-ㅂ-'와 결합하는 과정에서 어간의 종성 /ㅎ/과 접미사의 /ㅂ/이 결합하여 '-프-'로 되어 형태소간의 경계가 재구조화

---

3) 예 (22)는 형태론적으로도 어휘화한 예로 이 어휘형성에 관여했던 접미사 '-브-'가 현대국어에서는 전혀 생산력을 갖지 못하기 때문에 형태론적으로도 어휘화한 예이다.

되어 그 결합 양상을 추정할 수 없다. 예 (22)의 본래 형태를 각각
'긇다, 앓다, *슳다, *애둛다'[4]로 설정하고 여기서 파생된 어휘를 통
시적으로 검토하여 보면, (22)의 예 '긇-, 앓-'은 현대국어에 준하여
그 본래의 형태를 추정하는데 무리가 없다.[5] 그러나 '*슳-, *애둛-'
은 공시적으로 본래 형태를 설정할 근거가 없다. 문헌에 수록된 자료
를 통해 그 용례를 제시하고자 한다.

(23) 슬프다 - 슬퍼 거츤 못 긷도다 <초두시언해 8:21>
　　　 슬허하다 - 須達이도 그말 듣고 슬허ᄒ더라 <석보상절 6:38>
　　　 슱프다 - 우는 소리 슱프거늘 <번역소학 9:100>
　　　 슱프다 董生이여 아ᄎ 나가 받갈고 밤의 도라와 녯 사ᄅ의 글닑
　　　 놋다 <소학언해 선조판 6:92>
　　　 슱허ᄒ다 - 우는 소리 슱허ᄒ야 두루 건너며 뛰놀아 오래 ᄠ나디
　　　　　　　 아니ᄒ고 <소학언해 선조판 6:93>
　　　 슬흐다 - 시름ᄒ야 슬홀 시라 <남명집언해 샹5>

예 (23)은 현대국어 '슬퍼하다'의 연원을 추적하여 통시적인 표기
형태를 제시하였다. 현행 국어사전에서는 '*슳다, *애둛다'를 인정하
고 있지 않다. 통시적으로 보아도 '*슳다, 애둛다'의 실체를 찾아볼
수 없다. 그러나 같은 결합 양상을 보이는 '긇다, 앓다'와 비교해 보면
현대국어의 '슬퍼하다, 애달프다'의 기본형을 '*슳다, *애둛다'로 추정
할 수 있다.

---

4) 현대국어 사전에서는 '*애둛다'를 '애달프다'의 오류로 수록하고 있다.
5) '긇다, 앓다'는 통시적으로 그 기본 형태를 찾을 수 없고 추정할 수만 있다. 그러나
　 현대국어 사전에 수록된 하나의 표제어로서 취급해야 할 것이다.

(24) 골프다 - 창졸에 스스로 비골픔을 춤으시고 <중간본 내훈 2:80>
곫프다 - 비 ᄀ장 곫프다 <번역 노걸대 39>
앞프다 - 츤 귀운 스외 드러 비 앞프거든 <구급간이방 1:32>
앏프다 - 긁빗기기 너므면 머리 앏프리라 <번역 박통사 상59>

예 (24)를 보면 '곫다, 앏다'의 활용 형태가 예 (22)의 '*슳다, *애닯다'의 활용 형태와 같다는 것을 알 수 있다. 현대국어에서는 사용례가 없으므로 '*슳다,*애닯다'의 기본 형태를 설정할 수 없지만, '슬퍼하다, 애달프다'의 본래 형태는 '*슳다, *애닯다'로 설정하여야 할 것이다.

그러므로 예 (22)는 '고프-, 아프-, 슬프-, 애달프-'는 중세국어의 어간 '곫-, 앏-, *슳-, *애닯-'에 형용사를 파생하는 접미사 '-ㅂ-'가 결합되어 '골프-, 알프-, 슬프-, 애달프-'가 형성된 뒤 통시적 변화를 입어 'ᄋ>으' 변화와 또는 'ㄹ탈락'의 과정을 거쳐 음운론적으로 어휘화된 단어이다.

(25) 눈썹, 눈깔

(25)의 예 '눈썹'은 '눈+섭'이 결합하여 형성된 단어이다. 그러나 본래의 형태대로 '*눈섭'의 형태가 아닌 '눈썹'의 형태이므로, 어휘화의 범주에 포함시켜야 할 것이다. 또한 의미적인 유연성 상실이란 개념을 보면 '눈썹'은 '눈'과의 의미적인 연관성이 없다. 단지 사전적 의미 '두 눈두덩 위나 눈시울에 가로로 모여 난 짧은 털'을 지칭하는 개념으로 사용된다는 점에서도 어기간의 결합으로 새로운 개념을 지칭하게 되었으므로 어휘화된 것이다.

그러나 어휘형성의 개념과 생산성의 개념으로 보면 기초어휘인 '눈'은 셀 수 없을 정도의 생산성을 보이는 고빈도 어휘이다. '섶'이 '썹'으로 '눈'과의 결합에 의하여 음운변화를 거쳤다 하더라도, 높은 생산성을 보이는 '눈'과의 결합으로 인하여 어휘화에서 제외하여야 한다고 볼 수도 있다. 그러나 현재 '눈썹'은 국어사전에서 단일 어기로 처리하고 있다. '썹'과의 결합으로 인하여 '눈'의 본래 의미를 잃어버리고 단지 보조적인 의미의 결합으로 의미가 발현될 뿐이다. 또한 '썹'은 '눈'과의 결합 외에는 다른 어휘형성을 전혀 보이지 않는다. 게다가 '썹'의 문법적 실체도 밝히기 어렵다. 그러므로 '눈썹'은 어휘화된 단어로 처리해야 할 것이다.

(26) 내밀심, 당길심, 팔심, 다릿심, 뼛심, 주먹심, 심줄
(27) 입심, 뱃심, 뒷심6)
(28) 뚝심

(26)의 예는 '힘'이 '심'7)으로 변하는 즉, /ㅎ/ > /ㅅ/으로 변이되는 구개음화 현상에 의한 화석화이다. 즉, '힘'이 '심'으로 변하는 현상은 화석화의 입장에서 보면 '힘'이 음운변화에 의하여 '심'으로 변한 후, '심'이 국어 어휘체계에서 '힘'의 위치를 일정 부분 차지하는 어휘로

---

6) '떡심, 심줄'도 같은 맥락을 볼 수 있다. 그러나 이 예는 '심'의 의미가 '소의 힘줄'에서 생성된 어휘이므로, 심(力)의 뜻과 의미상으로는 연관성이 있으나, 그 대상이 다르므로 같은 부류의 어휘로 취급하지 않는다. 즉, 소의 힘줄을 나타내는 '심'은 그 활용 형태가 나타나므로, 낮은 생산성을 가진 어기로 취급해야 할 것이다.

7) '힘'이 '심'으로 변하는 현상은 지역 방언에서 두루 나타나는 것으로, 방언이 표준어에 편입되어 국어어휘 체계에 '힘'의 의미로 사용되는 경우이다.

사용되고 있다. 그러나 어휘화의 개념으로 살펴보면 (26)의 예는 어휘화의 범주에 포함되지 않는다. (26)의 예는 사전에 수록되어 있는 표준어[8]로서 '심'은 비교적 높은 생산성을 보여주고 있으므로, 어휘화의 개념에 위배된다. 또한 재구조화 원칙에도 위배되는데, 이는 결합 요소간의 경계가 분명하여 그 어원을 추정할 수 있으며, 문법적 정보도 제시할 수 있다.

그러나 (27)의 예 '입심, 뱃심, 뒷심' 등은 (26)의 예와는 달리 본래의 의미에서 의미확대 현상이 나타난다. 그러나 본래의 의미가 우세하게 사용되거나, 확대된 의미와 동등하게 사용되므로, 본래의 의미가 살아있는 경우에는 어휘화가 아닌 다의현상으로 처리하여야 할 것이다.

(28)의 예 '뚝심'은 예 (26), (27)과는 사뭇 다른 양상을 보이고 있다. '뚝'[9]의 의미 '계속되던 것이 아주 갑자기 그치는 모양'에서 '심'과 결합하며 그 의미가 분화되어 '굳세게 버티거나 감당하여 내는 힘'의 뜻을 나타낸다. 어휘 사용 양상에서는 '뚝'은 '심'과의 결합 이외에는 생산성을 보이지 못하고 있다. 이는 '뚝'의 의미상의 제약으로 인한 것으로 추정된다. 또한 '심'의 문법적 자질이 문장 안에서 독립적으로 사용되지 못하고 있고, 어기와의 결합 양상도 매우 생산성이 낮으므

---

8) '뚝심, 입심'은 평안도 방언에서는 '뚝힘, 입힘'으로 사용되는 예가 있으나 표준어에서는 어원상, 의미상으로는 '뚝힘, 입힘'의 의미로 사용되지만, 표기에서 '뚝힘, 입힘'으로 사용되는 예는 없다.

9) '뚝'은 '똑'에서 음성모음화된 단어로 그 의미는 같지만, 음상의 차이, 사용상의 차이, 결합 양상의 차이로 인해 서로 다른 모습을 보이고 있다. 이는 음성모음화된 이후 '똑'과 '뚝'은 의미 영역을 달리하게 된 것으로 추정된다.

로, 접미사의 성격으로 변모해가고 있다고 봐야 할 것이다. 그러므로 '뚝심', '뚝'의 의미는 다의현상도 나타나지 않고, 생산성이 전혀 없으므로 어휘화의 범주에 포함될 것이다.

지금까지 예 (26), (27), (28)은 어휘화의 정도를 보여주는 단적인 예로, 예 (26)은 어휘형성 규칙에 입각한 합성어로 처리해야 하며, 예 (27)은 다의현상이 나타나는 점으로 보아 어휘화의 진행 과정으로 보고자 한다.

> (29) 며칠,
> 이틀, 이태

예 (29)의 '며칠'은 음운론적 어휘화의 대표적인 현상이다. '몇+일'이 결합하여 발음상의 편리함이 굳어져 '며칠'로 된 것이다. 즉, 어휘화의 개념에 맞추어, 완전 재구조화되어 본래의 형태를 추정할 수 없으며, 두 개의 형태소 결합으로 형성된 단어가 아닌 한 개의 형태소로 이루어진 단일어로 인식되는 경우이다. 물론 이러한 표기는 어문 규정에서도 '며칠'의 우세함을 들어 '*몇일'[10]을 버리고 '며칠'을 표준어로 정한 예이다. 이는 표준 발음법에 위배되는 단어로서 '몇+일'의 표준 발음은 [며딜]또는 [면닐]로 발음되어야 하지만, 이 '*몇일'은 [며

---

10) '*몇 일'이 [며칠]로 소리나게 되고 하나의 단어로 어휘화된 이유는 사용상의 우세에 따라 띄어쓰지 않고 붙여 쓴 것에서 그 연유를 찾고자 한다. 한 단어화되어 붙여 씀으로써 [며칠]의 발음이 가능하게 되었고, 발음이 표기에 굳어진 것에 이유일 것이다. 그러나 이와 비슷한 결합 양상을 보이는 '몇 알, 몇 올' 등은 아직도 표기상, 발음상으로 어문 규정에 준하여 발음되고 표기된다.

칠]로 소리나게 되므로 '며칠'을 표준어로 정하였다.

위의 예 '이틀'은 음운론적 어휘화인지에 논란의 여지가 있다. 아직 통시적으로 그 어원과 결합 양상이 구명되지 못했기 때문이다. 하지만 재구를 통하여 어원상, 의미상 추정은 가능하리라 생각한다. 즉, '닛-(繼)11)+-홀'의 형태로 추정하고자 한다. 통시적으로 '이틀'의 사용 양상을 추정하여 보면 (30)과 같다.

(30) 잇틀 - 하로 잇틀 몃날 되되 공흔 밥만 먹으려뇨 <萬言詞>
　　　잇톨 - 홀니런가 잇토리런가 <보권문 32>
　　　잇홀 - 잇혼날 오시다듯도록 니지 아니ᄒ니 <삼역총해 1:4>
　　　읻튼날 - 읻튼날 새볘 서른 더졉홏디니 <여사서언해 2:33>

(30)의 용례로 보아 '이틀'의 '틀'은 '*홀'12)로 재구가 가능할 것이다. 이는 과도기적 표기 '읻튼-, 읻틀'이 문헌에 나타나기 때문이다. /ㄷ/+/ㅎ/이 /ㅌ/으로 되어 '*홀'이 '틀'로 된 것으로 추정된다. 한편 '이틀'의 '이-'는 '닛다(繼) > 읻다 > 잇다'의 형태 변화를 거친 것이므로, '이틀'은 '*닛홀'로 재구할 수 있을 것이다. 이 재구형에 맞추어 '*닛홀'이 '이틀'로 음운 변화가 나타나고, 재구조화된 현상은 음운론적으로 어휘화된 예로 다루고자 한다.

'이태' 또는 '이틀'과 같은 구조로 추정하고자 한다. '읻-(繼)+해

---

11) '이틀, 이태'의 '이'의 어원에 대하여 '이(二)'로 추정할 수도 있으나, '이(二)'는 한자어이고, 한자어 '이(二)'가 '읻, 잇' 등의 형태를 문헌에서 찾아볼 수 없으므로, 본고에서는 '닛-(繼)'으로 재구하고자 한다.

12) 아직 '*홀'의 문법적 위치는 밝혀지지 않았다.

(年)'의 구성요소로서 '닏해 > 읻해 > 이태'의 변천 과정을 거쳐 '이
태'의 형태로 어휘화된 단어로 보고자 한다.

　음운변이에 의한 어휘화는 음운의 교체, 전이, 축약 등 일련의 음운
론적 현상들이 기존의 음운규칙으로는 설명될 수 없다. 이는 음운현
상에서 나타나는 일반적인 흐름으로 예측할 수 없는 현상이기 때문
이다. 그러므로 음운변이에 의한 어휘화 현상은 국어 어휘체계에 나
타나는 대표적인 어휘화 현상인 것이다.

3.1.3. 음절변화에 의한 어휘화

　음절변화에 의한 어휘화는 단어를 간단하게 표기하거나 발음을 편
하게 하고, 속도를 빠르게 하기 위하여 음운이나 음절을 간소화한 준
말의 형태로 나타난다. 준말의 개념을 넓게는 원어의 발음이나 형태
가 조금이라도 줄었으면 준말이라고 볼 수 있다. 그러나 일반적으로
생각할 수 있는 협의의 준말은 같은 시대에 원어와 항상 같이 쓰일
수 있어야 하며, 원어와 준말은 상호 교체가 가능해야 한다.

　그러나 모든 준말의 구조가 이와 같이 본말의 변이구조의 특성을
지니는 것은 아니다. 의미가 완전히 변화된 준말은 새로운 단어로서
확실히 자리 잡은 것으로, 그 구조 해석 또한 공시적 입장에서 새롭게
할 필요가 있다. 즉 형태 구조도 본말을 따져 형태와 의미까지 본말에
소급하지 않고 준말 그 자체로 해석되어야 한다. 따라서 다음의 준말
은 음절변화에 의하여 음운론적으로 어휘화한 단어에 포함된다.

1. 본말이 사용되지 않고, 준말이 완전한 표준어로 굳어진 단어

(31) 버찌꽃 → 벚꽃, 고지감 → 곶감, 꼬리찌 → 꼴찌, 여린 무 → 열무,
바느질고리 → 반짇고리, 쓰레기 받기 → 쓰레받기

예시한 용례 (31)은, '*고지감, *꼬리찌, *바느질고리'란 말이 쓰이다가 줄어서 '곶감, 꼴찌, 반짇고리'로 된 것이 아니라, '고지+감, 꼬리+지, 바느질+고리' 같은 관념을 토대로 '곶감, 꼴지, 반짇고리' 따위의 말이 나온 것이기 때문에 어휘화한 단어로 취급된다. 다시 말하면, '*고지감'과 '곶감'의 의미는 서로 동일하고, '곶감'은 분명히 '*고지감'에서 온 단어임이 확실하지만, 동시대에 함께 사용되어 서로 置換이 가능한 단어가 아니고, 또 표준어 규정에서도 '곶감'만을 인정하고 있다. 따라서 '곶감'은 어휘화된 단어인 것이다.

(32) 분명코   결단코   결코   기필코   무심코   정녕코
필연코   한사코   기어코   단연코   분명코

에 (32)는 한글 맞춤법 40항 붙임3의 내용으로, 이원적으로 원이가 줄어 준말이 이미 완전한 표준어로 굳어짐으로써 원어가 쓰이지 않는 예로 '소리대로 적는 부사'로 설명하고 있다. 그러나 '분명코'는 본래 '어간+어미' 구조에서 온 것이 분명하지만, 공시적으로 '어간+접사'의 구성으로 보아야 할 가능성이 있다.13) 예(32)는 준말의 상관 관

---

13) 이희승 · 안병희(1994)에서는 활용형이 아닌 독립한 별개의 단어라 하여 이미 부사로 굳어진 단어라 하였다. 그러나 표준국어대사전에서는 '코'를 부사화 접미사로 처리하고 있다.

계가 지금의 언어 현실에서는 동사 활용형 '분명하고'와는 다른 의미로 사용되고 있으며, 통사적 기능을 갖는다. 이것은 공시적으로 '분명코'가 '분명하고'와 문법적 자질을 달리한다는 것을 말한다. 더욱이 '결코, 기어코, 한사코, 단연코' 등은 공시적인 형태소 분석의 관점으로는 '코'와 결합되어서 형성된 것이라 재해석할 수 있으나, 실제 언어생활에서는 사용되지 않는다. 이러한 사실들은 '분명코'가 '분명하고'로부터 뚜렷이 분화된 것이어서, 그 구조 파악을 위해 더 이상 본말로 따져 올라 갈 필요가 없음을 입증해 준다. 즉 '기필코, 한사코, 기어코, 단연코' 등은 이에 대응하는 본말이라 생각되는 단어 또는 句가 공시적으로 존재하지 않으므로 준말의 범주와는 무관하다. 예 (32)는 '-하고' 탈락, 축약되어 형성된 '-코'와 결합하여 준말처럼 인식되기도 하지만, '-코'는 파생 접사로 처리할 수밖에 없다.

    2. 어원적으로는 설명할 수 있으나, 그 의미가 판이하게 분화되어 본말과 멀어진 준말[14]

      (33) 당초에 : 당최,   금시에 : 금세, 고약한 : 고얀

    (33)의 경우에는 준말의 의미가 본말의 의미에서 멀어져 본말과 의미적인 연결이 어렵고 상호 교체가 불가능하다. '당최'는 비록 역사적으로 '당초에'에서 본말을 찾을 수 있지만, 공시적으로는 '당초에'와 의미상 유연성이 끊어진 것이다. 즉, 당초에는 한자어 그대로 '일이 생기기 시작한 처음'의 의미이고, '당최'는 부정의 뜻인 '도무지, 영'의

---

14) 우민섭(1974), 「준말의 한 고찰」, 『어문논집』 9, 중앙어문학회.

의미로 음절이 축소되면서 그 의미까지 변화되었다. 따라서 '당최'의 공시적인 형태소 분석은 '당초에'와의 연관성을 부여할 필요가 없다.

'금세' 또한 '금시에'에서 온 말임을 추정할 수 있으나, 의미상으로는 불가능하다. 음운환경의 변화가 의미변화에 미친 직접적인 영향일 것이다. 현재 '금세'는 '벌써'의 의미로, '금시에'는 '지금'의 의미로 서로 다르게 사용되고 있고, 그 음운 환경 또한 본말에서 멀어졌다.

'고약한'과 '고얀'의 관계 역시 음절의 변화, 의미의 변화로 인해 서로 상관관계를 추정할 수 없는 단계에 있다. '고약한'은 '맛, 냄새 따위가 비위에 거슬리게 나쁜'의 의미로 사용되고 있으며, '고얀'은 '성미나 언행이 도리에 벗어나는'의 뜻으로 사용되고 있다. '고약한'의 준말 '고얀'은 본말 '고약한'과 의미상으로 유연성을 잃고 분화되었기 때문에 공시적으로 어휘화 현상으로 처리될 것이다.

그러므로 (33)의 예들은 음절 변화에 의미 변화까지 수반되어, 그 형태와 의미가 불투명해졌기 때문에 공시적인 형태소 분석의 관점에서 더 분석하는 것은 바람직하지 않다.

> (34) 귀하지 아니하다 : 귀찮다,   같지 아니하다 : 같잖다
>   (*하여)하지 아니하다 : 하찮다,   젊지 아니하다 : 점잖다
>   관계하지 아니하다 : 괜찮다   편하지 아니하다 : 편찮다
>   못하지 아니하다 : 못잖다

예 (34)는 句의 형식이 줄어 하나의 단어로 인식되어 준말 범주에 포함되는 것으로, 한글 맞춤법의 제 40항에 설정되어 있다. (34)의

‘귀찮다’와 이밖에 ‘하찮다, 같잖다, 귀찮다, 점잖다, 괜찮다, 편찮다’는 ‘심심찮다, 만만찮다, 마땅찮다, 적잖다, 변변찮다, 당찮다, 수월찮다’와 달리 본말에서 음절이 변화된 동시에 의미변화가 나타나 본말과 전혀 다른 사용 양상을 보인다. 본래 형태인 ‘-(*하여)하지 아니하다’는 부정의 의미를 부여하지만, ‘하찮다, 귀찮다, 못잖다’는 다른 보통의 부정문과 구조적 성격을 달리한다. 이것은 더 이상 ‘심심찮다, 좋잖다’ 등처럼 단순히 부정의 의미를 갖는 구문의 변이형이 아님을 방증하는 예이다. 즉, 동일 형식 ‘-잖(찮)다’를 취하는 것들 가운데 어휘화되어 형태, 의미상으로 본래 형태와 연관성을 상실한 것이다. 그러므로 句에서 온 ‘-잖(찮)다’ 형태의 의미 변화된 준말 ‘귀찮다’, ‘하찮다’도 동일 형식을 취하는 준말 ‘심심찮다, 좋잖다’와 달리 공시적인 단일어로 파악된다. 이들은 본말의 句 구조가 아닌 단어 구조로 해석되는 것이다.

위 (34)의 예에서 ‘-지 아니하-’를 단어 구조로 보는 관점에서 ‘-잖-’을 접미사로 처리하려는 견해와 음절 축약형의 ‘-잖-’으로 보는 두 가지 관점이 있다. 접미사로 보는 태도는 ‘-잖(찮)-’의 형태를 파생어에 가까운 구조로 해석하여 본래 ‘어미+어간’의 구성체가 문법화되어 접사로 바뀌어 가려는 상태에 있는 것으로 파악한다. 그러나 이들이 파생 접사로 문법화되는 데에는 여러 제약이 있다. 모든 ‘-하지 아니하-’는 거의 제한 없이 음절 축약되어 ‘-잖-’이 될 수 있는 점과, ‘-하지 아니하-’와 ‘-잖(찮)-’ 사이에는 사전적 의미의 차이가 없는 점이다. 이로 볼 때 이들 ‘-잖-’의 구조가 파생어 구조와 비슷하기는 하나, 아직은 ‘-하지 아니하-’의 음절 축약 구조로 해석함이 더 타당해 보인다.

　의미 변화된 준말은 같은 문맥에서 본말로 복원되어 쓰일 수 없으면 공시적으로는 더 이상 본말로부터 도출된 것이라 해석할 수 없다. 본말과 준말을 통사구조 속에서 살펴보면, 그 차이를 명확하게 알 수 있다.

(35) 수지(수입 지출) – 어떤 이익을 봄
　　1) 수지가 맞다.
　　2) *수입 지출이 맞다.

(36) 육갑(육십갑자) – (비속하게) 어떠한 말이나 행동을 이르는 말
　　1) 육갑 떨고 있군
　　2) *육십갑자 떨고 있군

(37) 부랴부랴(불이야 불이야) – 매우 급하게 서두르는 모양
　　1) 부랴부랴 달려갔더니 식구들은 이미 저녁밥을 먹었다.
　　2) *불이야 불이야 달려갔더니 식구들은 이미 저녁밥을 먹었다.

(38) 쌨다(쌓이었다) – 너무 많이 넘치는
　　1) 책이 참 쌨다
　　2) *책이 참 싸였다(쌓이었다)

　위의 예 (35)-(38)은 음절변화에 따른 준말에서 나타나는 통사 구조상의 미묘한 차이를 보여주고 있다. 각 항목의 1)은 준말의 의미를, 2)는 본말의 의미를 통사 구조상의 위치로 설명하였다. 각 항목에 나

타나는 의미는 1)의 의미와 2)의 의미가 확연한 차이를 드러내고 있다. 즉, 의미 변화된 준말은 본말이라 생각되는 형태와 쓰임이 배타적인 만큼 명백히 사전적 의미와는 차이를 보인다. 준말과는 달리 어떤 문맥이나 상황의 도움이 주어져도 준말을 본말의 사전적 의미와 동일하게 해석할 수 없다. 따라서 의미 변화된 준말은 어휘화의 범주에 포함되므로, 그 사전적 의미를 알기 위해 더 이상 본말의 의미와 관련지어 해석할 필요가 없다.

지금까지는 음절 변화와 동시에 의미변화를 보이는 어휘화 현상을 살펴보았다. 앞서 제시한 바와 같이 본래 단어와 어휘화한 단어간에 사전 의미상 확연한 차이를 드러내는 경우이다. 그러나 이와는 달리 사전 정의로는 구분되지 않고 어휘화의 정도에 따라 본말과 준말이 미세한 차이로 공시적으로 공존하는 근거 제시를 위해서 필요하다. 본말과 준말에 미세한 차이로 나타나는 의미상의 차이점을 구별하기 위해서라면 통사 구조상의 위치를 고려할 필요가 있는 것이다. 이는 이들이 하나의 언어 단위로서 이미 어느 정도 사회성을 획득하여 본말과 준말 간에 연관성이 상실되는 단계이기 때문이다. 즉, 준말이 하나의 독립된 단어로서 상당한 사회성을 획득하고 있으면서도, 아직까지 사전적 의미면에서 본말로부터 독립한 상태는 아니다.

(39) 1) 아무렴(암), 내가 누군데
　　 2) 아무려면, 내가 누군데

(40) 1) ① 그 사람 어쩜 그렇게 좋지.

② 어쩜 뻔뻔하기까지

2) ① 그 사람 어쩌면 그렇게 좋지

② 어쩌면 뻔뻔하기까지

(41) 1) 엊저녁15)에 넌 무얼 했니?

2) 어제 저녁에 넌 무얼 했니?

(39)에서 감탄사 '아무렴'은 본래 형태 '아무려면(아무리 하면)'에서 온 것이지마는 언제든지 서로 교체되어 쓰일 수 있다. 비슷한 형태를 취하는 (40)의 '어쩌면 : 어쩜'은 동사 활용형과 부사로 함께 쓰이는데, 두 가지 사용 형태에서 '어쩜'은 '어쩌면'으로 교체가 자유롭다. 또한 (41)의 '엊저녁'도 그 본말 '어제 저녁' 자체의 의미가 변한 것이 아니라, 음절 변화에 따른 준말로서 문맥상 준말과 본말을 교체했을 때 의미상, 문맥상의 차이가 없다. 그러므로 본말과 준말간의 형태상의 차이점은 있지만, 의미상으로 별반 차이가 없으므로, 이 예는 어휘화의 범주에서 제외하여야 할 것이다.

---

15) '엊저녁, 엊그제'는 본래 통사적 구성이던 '어제 저녁, 어제 그제'가 줄면서 형태적 구성으로 음절 변화가 나타난 것처럼 보인다. 이 때 구성 요소 '엊'의 문법적 자질을 밝힐 필요가 있고, '엊저녁, 엊그제'는 어떤 구조로 규정될 수 있는가를 결정하여야 한다. '엊저녁, 엊그제'의 '엊'은 뒤의 한정된 명사와 의미상 관련을 맺고 수식하므로 접두사인 듯하다. 그러나 '엊'이 쓰인 예가 '엊저녁, 엊그제, 엊그저께' 정도 밖에 발견되지 않으며, 더구나 본말과 준말의 사전적 의미의 차이도 발견할 수 없으므로, 접두사로 보기에 부족한 면이 있다. 그러므로 '엊'은 접두사라기보다는 '어제'의 준말로 화석화되어 사용되는, 생산성이 크지 않은 준말로 처리하여야 할 것이다.

음절변화에 의한 어휘화는 단어를 간단하게 표기하거나 발음을 편하게 하고, 속도를 빠르게 하기 위하여 음운이나 음절을 줄인 준말 형태로 나타난다. 넓게는 원어의 발음이나 형태가 조금이라도 줄었으면 준말이라고 볼 수 있다. 그러나 일반적으로 생각할 수 있는 협의의 준말은 같은 시대의 원어와 항상 같이 쓰일 수 있어야 하며, 원어와 준말은 상호 교체가 가능해야 한다.

그러나 모든 준말의 구조가 다 이와 같이 본말의 변이 구조의 특성을 지니는 것은 아니다. 의미가 완전히 변화된 준말은 새로운 단어로서 확실히 자리 잡은 것으로, 그 구조 해석 또한 공시적 입장에서 새로이 할 필요가 있다. 즉 형태구조도 본말을 따져 형태와 의미까지 본말에 소급하지 않고 준말 그 자체로 해석되어야 한다. 따라서 다음의 준말은 음절변화에 의하여 음운론적으로 어휘화한 단어로 처리해야 할 것이다.

음운론적 어휘화는 음운의 화석화 현상과 연계하여 /ㅂ/계 어두자음군, ㅎ첨용어가 다른 형태소와 결합하는 과정에서 나타나는 것으로 어휘화의 주된 요인이다. 또한 음운변이, 음절변화에 의하여 나타나는 어휘화 현상에 대하여 어원 추정, 통시적인 관점에서 재구를 통한 어휘화 유무를 판별하고, 그 통사구조도 함께 제시하여 음운현상으로 나타나는 어휘화의 범주를 설정하였다.

3.2. 형태론적 어휘화

현대국어 어휘의 결합 양상을 보면 어휘형성 규칙으로는 도출될 수 없는 단어, 어기·접사의 화석화로 인해 소멸되거나, 생산성을 찾아 볼 수 없는 형태소와 결합한 단어를 쉽게 찾을 수 있다. 이것은 그 형태소가 과거에는 생산적으로 쓰였으나, 현재는 다른 형태소로 대체되었거나, 다른 형태로 바뀌었는데도 어휘가 형성될 당시의 형태를 유지하기 때문이다. 그런데 이와 같이 형태소와 결합하는 어휘는 공시적으로 구성 성분들의 분석 및 결합 과정을 설명하기 어렵다. 이러한 경우 국어어휘 형성에 참여하는 어기·접사는 형태론적인 어휘화를 발생시키는 중요한 요인으로 작용한다.

3.2.1. 접사에 의한 어휘화

파생어에 있어서 접사가 통시적으로 소멸되어 공시적인 파생어 형성규칙에 의하여 형성 과정을 설명할 수 없을 때, 그 파생어는 형태론적으로 어휘화된 것으로 처리된다. 형태론적 어휘화가 일어나는 요인은 크게 두 가지로 나뉜다. 하나는 파생어의 어기가 변화한 것이고, 다른 하나는 파생 접사의 비생산성에 연유한다.

접사의 측면에서 보면 접사에 의한 어휘화는 각각 접두사, 접미사의 소멸, 화석화 또는 생산성 상실로 인해 나타난다. 이때 국어어휘의 특성상 접두 파생보다는 접미 파생에서 더욱 활발한 어휘화 현상을 보이고 있다. 이는 우리말에 접두사보다 접미사의 쓰임새가 훨씬 높은데서 기인한다. 높은 사용 빈도는 그만큼 음운변화, 형태변화, 의미

변화가 많이 나타날 가능성을 지니고 있는 것이다. 그러므로 이 장에서는 접두사에 의한 어휘화 현상에 앞서, 접미사에 의한 어휘화 현상을 먼저 살펴보고자 한다.

3.2.1.1. 접미사의 요인

어기와 접미사가 결합하여 어휘 형식을 생성하는 과정에서, 접미사의 의미와 기능이 투명하여 일반적인 규칙을 세울 수 있는 파생어가 있는 반면, 이와는 달리 특정 어기에만 결합하여 그 어휘형성 규칙을 파악하기 어려운 접미사가 있다. 일반적인 규칙을 세울 수 있는 대표적인 접미사로는 '-개, -기, -음, -질, -쟁이' 등을 들 수 있다. 이러한 규칙적이고 생산성이 높은 접미사에 의해 국어어휘 체계는 풍요로워 진다. 편리한 어휘형성으로 인해 표기와 어휘력 신장도 용이하여, 언중들의 언어생활을 보다 쉽게 영위할 수 있는 것이다. 이것은 언중들이 기존에 있던 어떠한 접미사를 가지고 새로운 어휘를 만들기 위해서는 이 접미사로 이루어진 파생어를 쉽게 분석할 수 있어야 한다는 뜻이다. 즉, 앞서 설명한 대표적인 접미사들의 어휘형성 과정에서 나타나는 기제를 충분히 이해하고, 이를 바탕으로 새로운 개념을 표현할 때 이를 원용하여 자신의 생각을 언어로써 표현할 수 있는 것이다.

이에 반하여 언중들의 머릿속에 내재되어 있는 활발한 생산력을 지닌 접미사가 있는가 하면, 공시적으로 설명하기 어려운 까닭으로 인하여 생산성이 결여된 접미사가 있다. 이는 접미사가 새로운 단어

를 만드는 능력을 전혀 가지지 못하는 것으로, 이 접미사들과의 결합
이 바로 어휘화의 시작인 것이다.

> (42) 무르팍 (무릎+ -악),   무덤 (묻-+ -엄),
>   이엉 (이+ -엉)   올가미 (옭-+ -아미),
>   이파리 (잎+ -아리),   지팡이 (짚+ -앙이)
>   바로 (바르-+ -오),   마중 (맞-+ -웅),
>   까뀌 (깎+ -위)   바가지 (박+ -아지),
>   너무 (넘-+ -우),   바깥 (밖+ -앝)

  (42)는 접미사가 화석화되고, 어기와 재구조화하여 어휘화된 예이
다. 생산성이 없는 접사에 재구조화까지 나타나므로 이러한 어휘는
형태론적으로 어휘화된 전형적인 예이다. 물론 분석적인 측면에서 보
면 이러한 어휘도 파생어로 취급할 수 있다. 어원을 추정해 보면 어기
는 현재 공시적으로 실재하기 때문이다. 하지만 결합의 측면에서 보
면 예 (42)에 나타난 접미사는 현대 국어에서 공시적으로 전혀 생산
성을 지니지 못하는 접사들이다. 따라서 이들 접미사들은 생산력을
잃게 되어 어휘화하게 된 것이다. 어떤 파생 접사들이 생산성을 잃었
다는 것은 이들 파생 접사가 관련된 파생어 형성규칙이 소멸했음을
뜻하는 것이다. 즉, 접미사가 생산성을 잃고, 결합 형태마저 재구조화
되었기 때문에 형태론적으로 어휘화가 되는 경우이다. 이는 어휘화의
주된 요인이 파생 접사 쪽에 있다는 뜻이 된다. 그러므로 (42)의 예는
하나의 어휘로 다루어진다. 만약 (42)의 예에서 형태를 再構한 접미
사가 생산성을 가진 것들이었다면, 그 어휘는 자유로운 분석과 결합

이 가능하였을 것이므로, 형태 변화를 겪기 어려웠을 것이다. 따라서 이 접미사들은 어휘형성 당시에 모습을 현대국어 어휘 속에 흔적으로 남아 있다.

> (43) -거리 : 볼거리, 목거리16)
>   -개비 : 바람개비, 팔랑개비
>   -바치 : (가죽) 갖바치, 장인바치, 호사바치
>   -쇠　 : 상쇠, 돌쇠, 마당쇠
>   -포　 : 날포, 달포

(43)의 예는 어기와 재구조화되지 않고, 그 형태도 과거부터 유지하고 있는 접미사이다. 이는 과거 어느 시기에는 생산적이던 접미사가 생산력이 없어진 것으로 추정된다. 접미사의 측면에서 보면 어휘화의 예로 취급해야 하나, 어기의 측면에서 보면 생산성이 있는 어기와 결합되어 있으므로, 어휘화의 범주에 포함시킬지 여부가 불분명하다. 그러나 이는 파생어로 취급함이 마땅할 것으로 보인다. (43)의 접미사가 결합하여 공시적으로 새로운 어휘를 형성할 수 없으므로, 이 접미사의 결합으로 생성된 파생어도 복합어의 개념이 아닌 단일어의 개념으로 받아들여야 한다.

---

16) '목거리'와 '목걸이'는 의미상, 구조상 확연한 차이를 보인다. 목거리는 목이 붓고 아픈 병으로 '거리'가 '걸다'에 파생 접미사 '-이'가 결합하여 형성된 단어이다. 그러나 어간의 본뜻과 멀어진 것이므로 원형을 밝히지 않고 '목거리'로 표기한다. 반면에 '목걸이'는 목에 거는 물건이나 장식품으로 '걸이'는 '걸다'의 의미가 살아있으므로 그 결합 형태를 밝혀 적고 있다.
다른 접미사 '-거리(材料), -거리(週期)'와 위의 '-거리(疾病)'와는 구별된다. '-거리(材料), -거리(週期)'는 현대국어에서 생산성이 있는 접미사이기 때문이다.

지금까지 접미사에 의한 어휘화 현상을 접미사의 결합 양상에 따라 재구조화의 단계와 어기 형태 유지의 단계로 나누어 살펴보았다. 본문에서 論證하지 못한 생산성이 상실된 접미사의 목록을 제시하고자 한다.

(44) -가마리17) : 걱정가마리, 맷가마리, 욕가마리, 구경가마리

　　 -갈　　　 : 젓갈

　　 -강　　　 : (짓거리) 우습강

　　 -거리　　 : 볼거리, 목거리, 턱거리

　　 -공치　　 : 낫공치18)

　　 -괄량이　 : 말괄량이

　　 -광　　　 : (~을 하는 짓 또는 그 모습) 어리광

　　 -구리19)　 : 옆구리

　　 -금20)-　 : 머금다

　　 -깔1　　 : (성질, 기세) 성깔, 빛깔, 때깔, 맛깔. 색깔

　　 -깔2　　 : (낮은 말) 눈깔

　　 -깡　　　 : (줄기) 수수깡

　　 -깨비　　 : 도깨비, 허깨비

　　 -껑이　　 : 더껑이21)

　　 -껏　　　 : 돌껏

---

17) '가마리'를 사전에서는 접미사로 처리하고 '일부 명사 뒤에 붙어 그 말의 대상이 되는 사람'의 뜻으로 풀이하였다.

18) '낫의 슴베로 휘어넘어가는 덜미의 두꺼운 곳'

19) '구리'는 '구레'에서 온 말로 '녑구레'에서 연원을 찾을 수 있다.

20) 어기 '먹다'가 추정되어 '*먹+음+다'로 再構할 수 있으나, '머금다'의 어원을 정확히 알 수 없으므로 '머+금+다'로 보고자 한다.
　　현재 사전에서는 '먹음다'는 '머금다'의 잘못된 형태로 보고 있다.

21) '덮+껑이'

-꼬1	:	(물 길) 논꼬, 물꼬
-꼬2[22]	:	차꼬
-꼬대	:	잠꼬대
-꼽	:	배꼽, 눈꼽
-꿈치	:	팔꿈치, 발꿈치, 뒷꿈치
-끌	:	티끌
-나미	:	정나미
-노리[23]	:	관자노리, 콧등노리
-느정이	:	(꽃) 밤느정이[24]
-다구니	:	(뾰죽하게 내민 부분) 뿌다구니, 악다구니
-다귀/-따귀,-다구/-따구	:	뺨따귀, 뿌다귀, 뿔따귀, 악다귀
-다리	:	(사람을 흩하게 이르는 말) 늙다리, 작다리
-다지	:	(열매) 꽃다지
-닥다리	:	(낮은 말) 노(老)닥다리, 구(舊)닥다리
-대강이	:	(머리) 맛대강이, 쑥대강이, 기대강이
-댕이	:	옆댕이
-두리	:	곁두리
-듭	:	매듭
-따라기[25]	:	배따라기

---

22) '논꼬'의 의미는 '논의 물꼬'를 의미하고, '물꼬'의 의미는 '논배미에 물이 넘어 흐르게 만들어 놓은 어귀'의 의미를 가지고 있어서 '-꼬'가 같은 형태소임을 알 수 있다. 그에 반하여 형태가 동일한 '차꼬-지난날, 중죄인을 가두어 둘 때 쓰던 刑具의 한 종류로서, 긴 두 개의 나무토막으로 두 발목을 고정시켜 자물쇠로 채우게 되어 있음'의 '-꼬'는 '고정시켜서 채움'의 의미를 가지고 있다.

23) '-노리'를 '놀+이'의 형태로 볼 수 있으나, 정확한 형태를 추정하기 어려우므로 '-노리'로 해석하였다.

24) '밤나무의 꽃, 밤꽃'

25) '수로로 중국에 가는 사신의 배, 떠나는 것을 보이는 춤과 노래'의 의미로서 의미상으로도 어휘화된 단어이다.

-따리 : 보따리

-딱서니 : 철딱서니

-또개 : (떨어진 것) 감또개[26]

-뚝 : 팔뚝

-뚱이1 : 몸뚱이

-뚱이[27] : (상자) 인뚱이

-띠 : 땀띠

-리 : 이리, 저리

-마리 : 실마리

-막 : 오르막, 내리막, 늘그막, 오르막 내리막, 이즈막, 요즈막

-매 : 열매

-매1 : (모양새) 눈매, 몸매, 입매, 허릿매

-매[28] : 팔매

-맹이/멩이1: 돌맹이, 알맹이

-맹이/멩이[29]: 촌맹이, 꼬맹이

---

26) '꽃과 함께 떨어진 감'

27) '몸뚱이'의 '뚱이'와 '인뚱이'의 '뚱이'는 서로 같은 형태소가 아니다. 그것은 '몸뚱이'의 '뚱이'는 '몸'을 딘순히 속되게 이르게 해 주는 집사인 반먼, '시난날, 관아에서 쓰는 도장을 넣어두던 궤'라는 의미를 가지고 있는 '인뚱이'의 '뚱이'는 '궤'의 뚜렷한 의미를 가지고 있기 때문이다.

28) '눈매', '몸매', '입매', '허릿매'의 '-매'는 [모양새]의 공통된 의미로 묶을 수 있다. 더욱이 사전에 '눈맵시', '몸맵시', '입맵시', '허릿맵시'와 동의어라고 나와 있는 것을 보면 '매'가 하나의 형태임을 확신하게 한다. 그런데 [옷의 모양새]라는 의미를 가지고 있는 '옷맵시'는 '옷매무시'라는 어휘가 사전에 나와 있지만 '옷매'는 수록되지 않았다. 그리하여 '옷매'를 이 동아리에 함께 묶을 수 없었다. '옷맵시'라는 말은 쓰이지만 '옷매'라는 말이 쓰이지 않는 이유를 정확히는 알 수 없으나, 위의 '눈매', '몸매', '입매', '허릿매'의 어기는 신체의 한 부분을 나타내는 반면, '옷맵시'의 '옷'은 신체의 한 부분이 아니라 신체에 걸친 간접적인 것이므로 '옷매'의 사용을 저지하지 않나 추측될 뿐이다.

-무	:	올무30)
-바리/빠리1	:	꾀바리, 새암바리, 악바리
-바리2	:	벗바리
-바리331)	:	대갈빠리, 꼬바리, 하바리
-바지	:	막바지
-바치	:	갖바치, 장인바치, 호사바치
-뱅이	:	가난뱅이, 주정뱅이, 게으름뱅이, 안달뱅이, 거렁뱅이, 비렁뱅이
-브-	:	고프다, 기쁘다
-빡	:	이마빡, 대갈빡
-빤지	:	널빤지
-빼기1	:	(낮은 말) 대갈빼기, 코빼기, 이마빼기
-빼기2	:	(꼭대기) 그루빼기, 머리빼기, 언덕배기, 재빼기32)

---

29) '-맹이'를 '-맹이1', '-맹이2'로 나눈 것은 '-맹이'로 파생되어 나오는 의미자질이 서로 다르기 때문이다. 곧 '돌맹이', '알맹이'는 [+사물]을 나타내지만, '촌맹이, 꼬맹이'는 [+사람]을 나타내고, '광산에서 돌에 구멍을 뚫을 때, 망치를 한 손으로 쥐고 정을 때리는 일, 또는 그 망치'의 뜻을 가지고 있는 '외맹이'는 [+도구]를 나타낸다.

30) '새나 짐승을 잡는 올가미'

31) 접미사 '-바리'는 세가지 종류의 동음 이형태가 있다. 첫째는 '바르다'[많다]에서 나온 '꾀바리, 약빠리, 새암바리, 악바리'의 '바리1'이 있고, 둘째는 '뒷배 보아 주는 사람'의 의미를 가지고 있는 '벗바리'의 '-바리2', 셋째는 [낮은 말]을 의미하는 '대갈빠리, 핫바리, 꼬바리'의 '-바리3'이 있다. '바리1'이 쓰인 어휘항목은 각각 '꾀바르다, 약바르다, 새암바르다'가 사전에 그 쓰임이 보인다. 이때 '바르다'가 사어가 됨으로써 접미사화한 것이므로 한 부류로 묶을 수 있다. 그에 반해 '벗바리'는 '벗바르다'라는 말이 없고, 여기도 어떤 성질을 나타낸 것이 아니므로 '바리1'과는 다른 형태소이다. '바리3'이 쓰인 '대갈빠리'는 '대가리', '대갈빡', '대갈빼기'의 동의 형태 '대갈'이 보이므로 분석은 할 수 있으나 어떤 의미를 가지고 있다고 보기는 어렵다. 또 '하바리'는 '품위나 지위가 낮은 사람'으로 '하치'라는 말과 동의 형태가 보이고, '꼴찌'의 의미를 가지고 있는 '꼬바리'는 '꼬리'와 비교하여 분석될 수는 있으나, 특별히 어떤 의미를 가지고 있는 것은 아니다. 더욱이 '하바르다', '꼬바르다', '대갈바르다'라는 어휘가 없으므로 '-바리1'의 의미도 아니다.

-뼉   : 손뼉

-사귀   : (낱개) 잎사귀

-서리   : 모서리

-소/-수   : 몸소, 손수

-스랑   : 쇠스랑

-시   : 낚시

-시울   : 눈시울, 입시울(입술), 닛시울

-썰미   : 눈썰미, 귀썰미

-썹   : (털) 눈썹

-아구니   : (낮은 말) 샅아구니[33]

-아귀   : 손아귀

-아기   : 싸라기

-아미   : 올가미

-아지   : 송아지

-아치   : (직업적으로 종사하는 사람) 장사아치, 동냥아치,
             구실아치, 벼슬아치, 시정아치, 빗아치, 반빗아치,
             재주아치, 동자아치

-악서니   : 꼬락서니

-앗   : 씨앗

-앙   : 고랑

-앙이   : 지팡이

-앝   : 바깥

-애   : 마개, 부채

-애끼   : 다래끼[34]

---

32) '잿마루'

33) '샅아구니'의 '샅-'은 '샅바'의 '샅-'과 비교할 수 있다.

34) '달(붙이다)+ -애끼'

-어귀	:	뜨더귀
-어기	:	검부러기, 꺼끄러기
-어리	:	귀머거리
-억	:	주먹, 터럭
-억지	:	기럭지
-얼	:	나절
-엄/암	:	마감, 무덤, 사람
-엉	:	시렁
-엉귀	:	푸성귀
-외-	:	아뢰다, 사뢰다
-우라기	:	지푸라기
-웅	:	지붕, 기둥, 마중, 꾸중
-으랑이	:	겨드랑이
-으머리	:	끄트머리
-으키-	:	일으키다, 돌이키다
-자기1	:	(많은) 꾀자기35)
-자기2	:	(낮은 말) 눈곱자기36)
-장	:	끝장, 앞장
-장	:	늦장
-저지	:	안저지37), 업저지38)
-정이	:	늙정이, 썩정이, 삭정이, 깍정이, 굽정이, 묵정이
-조리-	:	읊조리다
-지	:	가락지, 팔찌

---

35) '꾀보, 꾀돌이, 꾀바리'
36) '눈꼽'의 낮은 말
37) 어린아이를 보살펴 주는 일을 하는 여자 하인
38) 어린아이를 업어 주며 돌보는 여자 하인

-짜39)   : (물건이나 일) 알짜, 통짜, 소짜, 진짜, 가짜, 공짜,
          뺑짜, 퇴짜

-짜기   : 골짜기

-짝   : (둘레의 크기) 궤짝, 돈짝

-짱   : (두른 것) 울짱, 딸짱, 활짱

-찌검   : (때림) 손찌검, 혼찌검

-추니   : 사경추니

-치   : 골치

-타리   : 울타리

-탕   : 빈탕, 골탕, 끌탕40)

-태기   : (묶음) 벙태기41), 상태기42), 감태기43), 망태기, 삼태
          기44)

-투리   : (조각, 부분) 짜투리45), 꼬투리

-포   : 달포

-흘   : *닌흘, 사흘, 나흘, 열흘

---

39) '-짜'에 대하여 『새우리말큰사전』(1994)에서는 '어떤 성질을 나타내는 말의 뿌리에
    붙어, 그러한 성질을 가진 것'을 의미한다 하여 접미사로 처리하였다. 김계곤
    (1996:160)은 '물건, 덩어리, 일, 기구'의 의미를, 허웅(1995:444)은 [덩어리]또는
    [가장 요긴한 물건]의 의미를 가진 접미사로 보았다. 이들 모두가 접미사로 처리한
    점에서는 공통적이나, 의미에 대하여 서로 간 약간씩 차이가 나타난다. 이 글에서
    는 '-짜'가 [물건이나 일]의 중심된 의미라고 보았다. '퇴짜'도 원래의 의미가 [바치
    는 물건을 물리치는 일, 또는 그 물건]의 의미를 가지고 있어서 [물건이나 일]의
    의미를 갖고 있으므로 위의 '-짜'에 포함시켰다.
40) '골탕'의 '골'은 '곯다'의 어간에서, '끌탕'은 '끓다'의 어간에서 나온 것으로 추측된다.
41) '벙거지'의 낮은 말
42) 상투
43) 감투
44) '흙이나 쓰레기 따위를 담아 나르는 데 쓰는 그릇'
45) '팔거나 쓰다 남은 피륙의 조각 따위'

지금까지 어기와 접미사가 결합하여 어휘 형식을 생성하는 과정에서, 접미사의 의미와 기능이 투명하여 일반적인 규칙을 세울 수 있는 파생어가 있는 반면, 이와는 달리 특정 어기에만 결합하여 그 어휘형성 규칙을 파악하기 어려운 접미사를 제시하였다. 일반적인 규칙을 세울 수 있는 대표적인 접미사로는 '-개, -기, -음, -질, -쟁이' 등이 국어 어휘체계에 역할을 고려한다면, 어휘화의 요인인 생산성이 없는 접미사들은 그 역할이 미미할 뿐이다. 그러나 어휘형성 규칙에 어긋나는 불규칙한 현상을 정의함에 있어, 이러한 생산성이 없는 접미사들은 반드시 구명해야할 형태소인 것이다.

3.2.1.2. 접두사의 요인

접두사의 경우도 접미사와 같이 생산성이 없는 접두사는 어떤 한 어기에 국한되어 결합하므로 생산성의 측정 및 어휘형성 규칙을 설정할 수 없다. 그러므로 접두사에 의한 어휘화 현상의 설정 준거를 접두사의 생산성에 두어 다루고자 한다.

접두사에 의한 어휘화는 접미사에 의한 어휘화보다 그 예가 매우 적다. 이는 일반적인 접두 파생어와 접미 파생어의 수적인 차이에서도 기인하겠지만, 접미사와 접두사의 기능, 형태, 의미적 자질에서 보다 근본적인 문제를 찾을 수 있다. 형태, 기능적인 면에서 접두사는 어기 앞에 결합되어 어기에 의존성을 띄는 형태소이다. 접미사도 마찬가지로 앞 어기에 의존성을 띄지만 기능면에서 보면, 품사를 바뀌게 하거나, 문장에서 통사적 위치를 변화시키므로 접두사보다 다양한 어휘화 현상을 수반한다. 품사가 변하거나, 문장 안에서 분포와 역할이 달라진다는 것은 그만큼 파생어의 어휘화를 가속시키는 원인으로 작용하는 것이다. 이에 비하여 접두사는 이러한 기능을 하지 못하고, 단지 어기의 의미 변화에 그 기능이 한정되므로 결합 과정에서 나타나는 재구조화 현상도 매우 적게 나타나는 것이다.

    (45) 것- : (거슬러) 것지르다
         도- : (홀로) 도맡다
         땅- : 땅고집
         앙- : (들어간 곳) 앙가슴
         시- : 시건방지다

    (46) 능- : 능구렁이
         맹- : (아무 것도 타지 아니한) 맹물, 맹탕
         모- : 모자라다
         족- : 족집게

    예 (45)는 접두사에 의한 파생이로 공시적으로는 접두 피생의 생산성을 보이지 않는 경우이다. 앞서 지적한 것처럼 접두사는 접미사와는 달리 어기의 의미적 보조 기능을 하는 것이 대부분이므로 접미사처럼 다양한 양상의 어휘화는 보이지 않는다. (46)의 어례처럼 재구조화, 의미변화로 인한 어휘화 현상은 극히 적은 예를 보이고, 단지 (45)와 같은 생산성의 不在로 인한 어휘화 현상이 주종을 이루고 있다.
    지금까지 접두사에 의한 어휘화의 유형과 원인에 대해 나누어 살

펴보았다. 본문에서 논의하지 못한 생산성이 상실된 접두사의 목록을
제시하고자 한다.

  (47) 가랑- : (가는) 가랑눈, 가랑닢, 가랑비

    간- : (골라) 간추리다

    갈- : 갈거미, 갈가마귀, 갈고등어

    강- : (까끄라기가 없고 빛이 붉은) 강피

    거- : (올이 굵은) 거베

    것- : (거슬러) 것지르다

    골- : 골생원, 골선비

    곰- : 곰씹다, 곰파다, 곰삭다

    구- : 구슬프다

    깔- : (호락호락하게) 깔보다

    끈- : (끈기 있게) 끈질기다

    너- : (마루가 진) 너새[46]

    능- : 능구렁이

    답- : (첩첩이) 답쌓다(옛)

    도- : (홀로) 도맡다

    돈- : (성정이 좀 까다롭게) 돈바르다

    딍- : (이리저리) 딍굴다

    등- : 등겨

    땅- : 땅고집

    떡- : (처음 나온) 떡잎<외-, 쌍→ >[47]

---

46) '재래식 기와집에서, 합각머리의 양쪽으로 마루가 지게 기와를 덮은 부분', '너새'의
  '새'는 단독으로 쓰이는 일은 없지만 '기와'라는 단어를 대신하고 있으며 '새'는 '기
  와'의 옛말인 '디새'가 연결되면서 변이된 것이다. 김계곤 (1996:121)

47) '떡줄'의 '떡'도 있으나 이는 '허드렛실이나 무명실로 만든 연줄'로 '처음 나온'의 의

매-   : (손질해서) 매만지다

맹-   : (아무 것도 타지 아니한) 맹물, 맹탕

메1-   : (고집이 세고 심술이) 메꽂다

메2-   : (기름지지 아니하여) 메마르다

메3-   : (밉살스럽게 동작이) 메뜨다

모-   : 모자라다48)

박-   : 박쥐

사-/사닥- : 사다리◁사닥다리

시-   : 시건방지다

썰-   : 썰무

악-   : 악물다, 악다물다, 악바르다

앙-   : (들어간 곳) 앙가슴49)

애1-   : (맨 처음, 첫) 애당초, 애벌50)

애2-   : (큰) 애끌51)

애3-   : (어린, 앳된) 애송이, 애저52), 애소

어금-   : 어금니

어루-   : (보듬어) 어루만지다, 어루더듬다, 어루꾀다

얼1-   : (슬쩍) 얼버무리다

얼2-   : (어른거리게 비치다) 얼비치다

미가 아니다.

48) '모자라다'의 '모'는 뜻으로 보아 부사 '못'의 변이 형태로 보아진다. 오늘날 '못'은 분명히 옛말의 '몯'에서 변천된 형태이다. 그러므로 동사 '자라다'와 연결되어 받침이 탈락된 것으로 풀이할 수도 있다. 그러나 '못 자라다'에서 '모자라다'로 보기에는 지나친 어원 밝힘이므로 '모'를 접두사로 다루었다. 김계곤(1996:129)

49) '양쪽 젖 사이의 가슴 부분'

50) '같은 일을 여러 차례 거듭하여야 될 때에 맨 첫번 대강 하여 낸 차례'

51) 커다란 끌

52) 고기로 먹을 어린 돼지

엿- : 엿보다, 엿듣다

오두- : 오두막, 오두방정

옴- : 옴나위[53]

우두- : 우두머리

움- : (깊숙이) 움파다

이- : (앞장서서 남을 따라오게) 이끌다

이듬- : 이듬해[54]

작달- : 작달비[55]

잽- : (민첩한) 잽싸다

족- : (작음) 족집게[56]

지- : 지아비, 지어미

포- : (겹쳐) 포개다

핫- : (짝이 있는) 핫어미, 핫아비

해- : 해맑다

행- : 행가래

흐- : 흐느끼다

접두사에 의한 어휘화는 접미사에 의한 어휘화보다 그 예가 매우
적다. 이는 일반적인 접두 파생어와 접미 파생어의 수적인 차이에서
도 기인하겠지만, 접미사와 접두사의 기능, 형태, 의미적 자질에서 보

---

53) '꼼작할 여유'

54) '이듬해'의 '이듬-'은 *'닚음'(닚-(繼)+-음) 또는 *'닚은'(닚-(繼)+-은)으로 再構하
고자 한다. 이 또한 어휘화의 범주에 포함되는 예로 현재는 '이듬, 이든'이란 어기
가 독립적으로 사용되지 못하고 '이듬해'로만 흔적이 나타난다. '닚다>잇다>잇다+
음(은)'으로 보아 '잇다'의 표기 단계에 명사화 접미사 '음'과 결합하여 사용되다가
소멸된 어휘로 재구하고자 한다.

55) '굵직하고 억세게 퍼붓는 비'

56) '주로 잔털이나 가시 따위를 뽑는 데 쓰이는 쇠로 만든 자그마한 집게'

다 근본적인 문제를 찾을 수 있다. 형태, 기능적인 면에서 접두사는 어기 앞에 결합되어 어기에 의존성을 띠는 형태소이다. 접미사도 마찬가지로 앞 어기에 의존성을 띠지만 기능면에서 보면, 품사를 바뀌게 하거나, 문장에서 통사적 위치를 변화시키므로 접두사보다 다양한 어휘화 현상을 수반한다. 품사가 변하거나, 문장 안에서 분포와 역할이 달라진다는 것은 그만큼 파생어의 어휘화를 가속시키는 원인으로 작용하는 것이다.

3.2.2. 어기에 의한 어휘화

현대국어 복합어 중에는 공시적으로 사용되지 않는 어기가 나타나기도 한다. 이는 그 어기가 과거에는 생산적으로 쓰였으나, 현재는 다른 어기로 대체되었거나 다른 형태로 바뀌었는데도 어휘가 형성될 당시의 어기 형태를 유지하기 때문이다. 이와 같이 복합어의 어기가 이미 어휘형성에 생산적으로 참여하지 못하는데도 그 형태가 흔적으로 남아 있는 예가 있다. 이는 어휘화의 요인으로 생산성이 결여된 어기로 구성된 복합어는 공시적으로 결합 성분들의 분석 빛 그 과정을 설명하기 어렵다. 따라서 복합어의 어기로 사용된 어휘의 생산성은 형태론적인 어휘화의 시작인 것이다.

어기의 변화에 의한 어휘화는 어기가 소멸하여 어휘형성에 참여하지 못하거나, 어기의 문법적 기능에 변화가 나타난 것, 어기의 재구조화로 기존의 어휘형성 규칙을 적용할 수 없는 등의 이유로 나타나는 것이다. 어기 변화에 의한 어휘화 유형으로는 파생어 어기의 변화, 합성어 어기의 변화로 나누어 살펴보고자 한다.

3.2.2.1. 파생어 어기의 요인

파생어의 어기 변화는 어기가 소멸되어 어휘형성에 참여하지 못하거나, 문법적 기능에 변화가 나타난 것, 어기의 재구조화로 기존의 어휘형성 규칙을 적용할 수 없는 특징을 보인다.

먼저 어기가 통시적으로 소멸되어 파생어 형성규칙으로 설명될 수 없는 형태론적 어휘화를 살펴보기로 한다.

> (48) 기쁘- (깃+ -브-)
>
> 부끄럽- (붓그리-+ -업-)
>
> 그믐 (그믈-+ -음)
>
> 설거지 (설겆-+ -이)
>
> 시름 (시르-+ -음)
>
> 이바지 (이받-+ -이)

(48)의 '기쁘-, 부끄럽-, 설겆-, 시르, 이받-' 등은 파생어 형성에 참여한 어기가 소멸하여 그 형태를 공시적으로는 찾아볼 수 없으므로 형태론적으로 어휘화된 것들이다. 그러나 (48)은 어원적인 형태소 분석은 가능하지만, 분석된 형태소를 공시적으로 결합시켜 파생어로 분석을 할 수 있는 규칙화된 단어로 볼 수는 없다. '이바지'는 어원적으로 어기 '이받-'에 접미사 '-이'가 결합되고 구개음화가 적용된 단어이나, 현재 '이받-'은 소멸되어 사용하지 않고 있다. 따라서 이들은 어휘 부문

안에서 어휘형성 규칙을 적용하여 파생어 형성 과정을 겪은 단어이기
보다는, 어기가 소멸되어 어휘화된 단어로 볼 수밖에 없다.

'그믐'은 '그물(盡)+음'으로 분석된다. 어원적으로 '그믈-'이란 어기
의 소멸로 인해 형태론적으로 어휘화된 전형적인 예이다. 그러나 '날
씨가 <u>그믈다</u>'에서 보듯이 '그믈다'가 구어에서 간헐적으로 나타나므
로 '그믈-'은 소멸 어휘가 아니라는 견해도 있으나, '그믈-'은 사전에
등재되어 있지 않은 단어이므로 실체를 인정할 수 없다. 그리고 공시
적으로 이 형태를 가지고 파생어를 형성한 다른 단어가 더 이상 보이
지 않으므로 즉, 어기 '그믈-'에 생산성이 나타나지 않으므로 어기의
소멸에 의한 형태론적 어휘화의 예이다. '시름, 설거지'도 어기가 소
멸된 것으로 볼 수 있는데, 그것은 '시르다', '설겄다'와 같은 어례가
공시적으로 더 이상 국어어휘 체계에 나타나지 않는다는 것이다.

어기의 변화로 인한 형태론적 어휘화의 다른 유형으로, 어기의 문
법적 기능이 변화되어 어휘화된 경우를 살펴보기로 한다.

     (49) 맏이 (맏+ -이)   새롭- (새+ -롭-)

(49)의 '맏이'는 접두사 '맏'에 접미사 '-이'가 결합되어 형성된 단어
이다. 그런데 현대국어의 '맏'은 접두사로 쓰이므로 '접두사+ 접미사
→ 파생명사'의 구조가 되는데, 이는 국어에서 극히 이례적인 현상이
다. 또한 '새롭-'도 '관형사+ 접미사→파생형용사'가 되는데, 이 역시
예외적인 현상이 아닐 수 없다.

(49)의 예외적인 현상은 '새-, 맏-'이 통시적인 문법적 기능의 변화

가 나타났기 때문이다. 잘 알려진 바와 같이 '새'는 관형사로서, 명사
로도 기능하던 형태이고, '몰'으로 소급되는 '맏'도 원래 명사로 사용
되던 것이다.

(50) 헌 옷도 새 곧ᄒ리니 <月印釋譜 8:100>
　　　다시 새롤 비허 <法華經諺解 3:94>
　　　새와 늘ᄀ니와 <楞嚴經諺解 83>

(51) 모든 나히 열아호비오 <小學諺解 6:60>
　　　우리 몯 도의니의 마를 어긔디 마져 <飜譯朴通事 上25>
　　　내 아ᄃ리 비록 모디라도 <月印釋譜 2:5>

　위의 예문들을 통해서 '새'와 '몯'이 본래 접사가 아닌 명사였음이
확인된다. '새롭-'이나 '맏이'는 명사를 어기로 형성되었던 파생어가
그대로 어휘화되어 쓰이고 있는 예이다. 공시적인 관점에서 관형사
'새'나 접두사 '맏-'을 어기로 하는 파생어는 아니다. 그러므로 예 (49)
는 어기의 통시적인 문법 자질의 변화로 인해 현대 국어에서는 형태
론적으로 어휘화되었다고 기술할 수밖에 없는 것이다.

　형태론적 어휘화의 원인 중에 어기의 재구조화도 한 이유가 된다.
어기의 소멸, 문법 자질의 변화로 인해 형태론적인 어휘화 현상이 나
타나기도 하지만, 어기의 재구조화로 인해 어기의 생산성을 잃어버린
유형이 있다.

　　(52) 너비, 넙치

(52)의 '너비'는 어기가 '넙-'일 때 형성된 파생 명사이다. 그런데 어기 '넙-'이 '넓-'으로 재구조화되었다. 일반적인 원칙대로라면 원래의 어기로부터 형성된 파생어는 사라지고, 재구조화된 어기로부터 새로이 파생어가 형성되어야 할 것이다. 즉 '넓-'의 파생어는 '넙히'도 될 수 있는 것이 아니라 '넓히-'로 나타난다. 이는 원래 예 (53)에서 알 수 있듯이 어기가 '넙-'일 때는 '너피-(넙히-)'였었는데, 어기가 '넓-'으로 되면서 '너피(넙히-)'는 사라지고 새 어기로부터 파생된 '넓히-'가 형성된 것이다.

> (53) 法音을 **너피**실씨 <月印釋譜 7:59>
>   道 **너퓰뗸** 德行으로 우 삼ᄂ니 <法華經諺解 4:61>

그러나 '너비'는 어기가 재구조화되었음에도 불구하고 현재까지 사용되고 있는 단어이다. 재구조화된 어기 '넓-'으로부터 새로이 파생 명사 '넓이'가 형성되었는데도, '너비'가 사라지지 않고 있다. 물론 '너비'와 '넓이'가 의미상으로 완전히 동일하게 쓰이지는 않기 때문에[57] 이런 현상이 나타난다. 그러나 현재 '너비'의 사용례가 나타난다 하더라도 '너비'는 어기 '넙-'이 존재하지 않기 때문에 공시적으로 형성될 수 있는 파생어가 아니다. 이는 어기가 소멸했거나 문법적 기능이 달라졌기 때문이 아니라, 어기가 재구조화되어 새로운 형태로 바뀌었기 때문이다.

'넙치'도 이와 같은 脈絡으로 파악된다. 즉 '넙치'는 '넙은', '넓다'의

---

57) '넓이'는 <면적>을, '너비'는 <폭>의 뜻으로 쓰인다.

의미에서 형성된 단어이다. 그런데 넙치 또한 '*넓치'로 표기하지 않는 이유는 두 가지로 볼 수 있다. 여기 '넓'이 '-치'와 결합하는 과정에서 발음을 중시하여 /ㄹ/의 탈락으로 인해 '넙'으로 재구조화되었다는 견해와, '넙치' 또한 '넙-'이 '넓-'으로 변천되기 이전에 형성된 단어라고 보는 견해이다. 그런데 '넙치'는 문헌상으로 확인58)되며, 공시적으로 '-치'와 결합하는 과정에서 '넓'의 'ㄹ'이 탈락된다는 음운 규칙이 없으므로, '넙치' 또한 '넙-'이 변천되기 이전에 형성된 단어로 취급해야 할 것이다. 또한 공시적인 음운 현상으로 발음에 의한 어형의 변화를 적용한다면 '*널치'로 표기함이 옳을 것이다. 그러므로 재구조화되기 이전의 형태를 간직한 어휘는 형태론적 어휘화의 범주에 포함된다.

> (54) 넓적하다, 넓죽하다
> *넙적하다, *넙죽하다

(54)는 '넓-'의 어간이 현대국어에서 다양하게 나타나는 예이다. 이 '넓-'의 어례에 대해서도 (52)의 예처럼 어기의 재구조화의 원칙을 적용하여 어기 변화에 의한 어휘화로 볼 수 있다. 하지만 (54)의 예 '넓적하다, 널따랗다, 널찍하다'는 (52)와 달리 어기가 '넙-'일 때 형성된 단어가 아니다. 그러므로 어기 변화에 의한 형태론적 어휘화의 범주에 포함시킬 수 없다. 물론 '넓적하다'는 생산성이 없는 접미사 '-적-'과 결합하였으므로 접미사에 의한 어휘화의 범주에 포함될 것이다.

---

58) **넙치**의 쏠 가잠이 <古時調, 海東歌謠>

그러나 '넓죽하다'는 설명 방법이 달라져야 한다. (52)의 예 '넙치'
와 같이 통시적으로 어기가 '넙-'일 때 형성된 단어이다.

(55) **길죽 넙죽** 어틀 머틀 믜뭉슈로 거라 말고
　　　＜古時調 白樺山, 靑丘永言＞

예 (55)에서 확인되듯이 '넓죽하다'는 어기가 '넙-'일 때 형성된 단
어이다. 그 당시 '-죽'은 일부 형용사 뒤에 붙어 부사를 만드는 접미
사로 사용되었다. 그러므로 (52)의 원리를 적용하면, '넓죽하다'도 '넙
죽하다'로 고쳐야 한다는 주장이 가능하다. 하지만 '*넙죽하다'로 표
기하는데는 무리가 따른다. '넙치'와는 다른 문법적 의미적 성질이 다
르기 때문이다. '넙치'는 '-치'와 결합함으로써 그 문법적 성질이 변한
구상명사로서, 오직 하나의 사물만을 의미하는 단어인 것이다. 그러
므로 어형이 고정되어 '*널치'로 표기되지 않고 '넙치'로 사용되고 있
다. 이에 반해 '넓다'는 구체적인 하나의 사물을 지칭하는 것이 아니
라, 추상적인 개념의 형용사로서 적용의 대상이 대단히 넓다. 또한 '-
죽'하고 결합할 당시 '넙다'가 기본형이었을지라도 현대국어에 와서
는 그 기본형이 '넓다'이다. 그러므로 기본 어기 '넓-'에 준거하여 그
활용형태가 나타나야 한다.
　'넓적하다' 또한 논란의 대상이다. '넙치, 넓죽하다'의 원리를 받아
들여 이 또한 '*넙적-'으로 표기해야 한다는 주장이다. 송철의(1992)
에서는 다음과 같은 논리를 들어 '*넙적-'을 주장하고 있다. '넓적하
다'는 '넓-'이 자음으로 시작되는 조사나 어미와 결합할 때 줄기 끝의

'ㅂ'이 탈락하는 것이 현대 국어에서의 정상적인 음운 현상이다. 그러므로 '넓-'에 어기를 형성하는 접미사 '-적-'이 공시적으로 결합되었다면 그것의 음성실현은 [널쩍]이 되어야 한다는 것이다. 그런데 실제의 음성 실현은 [넙쩍]으로 나타난다. 이는 표준 발음의 측면에서 비추어 볼 때 매우 특이한 현상임에 틀림없다. 여기서 '넓적-'이 공시적으로 '넓-'에 '-적-'이 결합되어 형성된 것이 아니라, '넙-'이 통시적으로 '넓-'으로부터 재구조화된 어기이기 때문이 아닐까하는 추측을 하고 있다. 만약 줄기가 '넓-'이 아니라 '넙-'이었던 시기에 '-적'이 결합되어 그것이 어휘화되었다면 거기에는 재구조화한 어간 '넓-'이 관여할 수 없으므로, '-적-' 앞에서만 'ㄹ'이 탈락하느냐 하는것은 전혀 문제가 되지 않는다. 그것은 음운론적인 면에서 볼 때 '넙적-'은 공시적으로 '넓-'에 '-적-'이 결합되어 형성된 것이 아니라, 줄기가 '넙-'이던 시기에 '-적-'이 결합되어 어휘화된 것으로 보고 있다. 더욱이 어기를 형성하는 접미사 '-적-'은 현대 국어에서 전혀 생산력을 갖지 못한다. 특히 형용사 어간과 접미사가 결합하는 예로서는 '넙적-' 이외에 다른 예를 찾아보기 힘들다. 그러므로 어기 '넓적-' 대신 '*넙적-'을 주장하고 있다.

이와 같이 송철의(1989)에서는 예 (52)의 논리를 적용하여 '넓적-' 대신 '*넙적-'을 표준어로 정해야 한다고 주장하고 있으나, '넙적-'은 문헌상 확인이 안 되고 있다. 또한 위에서 언급한 바와 같이 '넓적-' 과 '넙치'는 그 문법적, 의미상 자질이 다르므로 같이 취급할 수 없다.

또한 '넙적-'은 이미 국어어휘 체계에 포함된 단어이고 그 의미상의 영역을 가지고 있다. 이미 부사로서 '말대답을 하거나 무엇을 받아

먹을 때 입을 벌렸다가 닫는 모양'의 의미로 이미 '넓-'의미가 전성된 부사로 취급하고자 한다. 군이 '넙치'의 원리를 적용하여 '넙-'의 원형을 살린다면, '*넙적-' 대신 예문 (55)와 같이 문헌상으로 그 형태가 확인되는 '*넙죽-'이어야 할 것이다

> (56) 널따랗다, 널찍하다
>   *넓다랗다, *넓적하다

(52)의 예를 적용하고, 어기에 의한 어휘화 원리를 적용하면 예 (56)도 어휘화된 단어로 볼 수 있다. 또한 한글 맞춤법에서도 제21항에서 원형을 밝혀 적지 않는 단어로 처리하고 있다.

제21항에서는 원형을 밝혀 적지 않는 것은 'ㄲ, ㄲ'등 어간말 자음이 'ㄹ'계 자음군인 어간에 자음으로 시작되는 접미사가 올 때 앞쪽의 자음/ㄹ/이 탈락할 때는 원형을 밝혀 적고, 뒤쪽의 자음(ㄱ이나 ㅂ)이 탈락할 때는 원형을 밝혀 적지 않는다는 원칙에 의한 것인데, 이는 발음에 의한 형태 변화의 기준이라고 볼 수밖에 없다. 이 기준에 따라 '넓석하다'는 원형을 밝혀 적고 '널따랗다, 널찍하다'는 원형을 밝혀 적지 않는다. 그러나 이는 음운론적으로 또 형태론적으로 '널따랗다'는 '*넓다랗다'로 표기하는 것이 오히려 더 타당하리라고 생각된다. 이는 '넓-'에 '-다랗-'이 결합할 때 'ㅂ'이 탈락 또는 축약되어 발음되는 것이 규칙적인 음운현상이기 때문이다. 그리고 또 현대국어에서 '넓-'에 '-다랗-'이 결합하여 파생어를 형성하는 데 있어서는 형태론적으로나 의미론적으로도 문제될 것이 없다. 어기 '넓다'와 파생어 '*

넓다랗다' 사이의 의미관계도 매우 분명하고, '널따랗다'는 '넓-+ 다, 넓-+ -고'를 '넓다, 넓고'로 표기하는 것과 같이 '*넓다랗다'로 표기해야 할 것이다.[59] 다시 말하면 '*넓다랗다'는 음운론적으로나 형태론적으로나 의미론적으로 현대국어에서 규칙적으로 형성될 수 있는 파생어이므로 어간의 원형을 밝혀 적는 것이 타당하다는 것이다.[60]

이 논리에 생산성의 원리와 어휘화의 범주를 포함하여야 한다. 먼저 생산성의 논리로 보면 '-다랗-'은 현대국어에서 생산력을 갖는 파생접미사로 그 결합 형태가 다양하다.

> (57) -다랗- : 가느다랗다, 굵다랗다, 기다랗다, 깊다랗다, 높다랗다,
> 잔다랗다, 좁다랗다, 커다랗다
> -따랗- : 널따랗다, 알따랗다, 짤따랗다, 참따랗다

예 (57)에서 알 수 있듯이 '-다랗-'은 현대국어에서 매우 생산적인 결합을 보이는 접미사이다. 생산성과 어휘화의 원리를 적용하면 '-다랗-'은 생산적인 접미사이고, 어기 '넓-' 또한 '넙-'에서 재구조화된 이후에 생성된 단어이고, '-다랗-'과 결합하여 품사 전성이나 의미변화가 나타나지 않으며, 현대국어에서 규칙적인 활용 형태를 보이고

---

59) 송철의(1992:37)에서는 위와 같은 이유로 '넓-+ -다', '넓-+ -고'가 '넓다', '넓고'로 표기되는 이유와 '넓다'와 '널따랗다'의 의미상의 연관성을 들어 '널따랗다'를 '넓다랗다'로 표기해야 함을 주장하고 있다. 그러나 이 원리에 생산성의 원리와 어휘화의 원리가 적용되어야 좀 더 설득력 있는 주장이 될 것이다.

60) 이것은 기본형을 '넓다'와 '너르다'로 설정하는데 차이를 보인다. 그러나 '좁다-넓다'와의 의미, 형태 관계를 고려하면 기본형을 '넓다'로 설정하여, 그 활용 형태를 설정하여야 할 것이다.

있다. 이 원리를 적용하면 '-다랗-'이 '-따랗-'으로 나타나는 어휘는 '-다랗-'으로 통일해서 적용해야 할 것이다. 단지 소리의 변화, 언중들의 사용양상 등을 고려한 이러한 예외적인 규정은 고려되어야 한다. 그러므로 어기 '넓-'은 원형을 밝혀 적어야 한다.61)

  (58) 개구리, 기러기, 뻐꾸기, 누더기

  (58)에 적용되는 어문 규정은 제23항의 예들로, '-하다'나 '-거리다'가 붙을 수 있는 어근에 '-이'가 붙어서 명사가 된 어휘는 그 원형을 밝혀 적고(삐쭉이, 살살이, 홀쭉이), '-하다'나 '-거리다'가 붙을 수 없는 어근에 '-이'나 또는 다른 모음으로 시작되는 접미사가 붙어서 명사가 된 것은 그 원형을 밝혀 적지 않는다는 원칙에 따라 원형을 밝혀 적지 않은 것들이다. 여기서의 기준은 '-하다'나 '-거리다'와 같은 생산적인 형태소와 공시성이 인정되는 어근이 결합하는 경우에는 원형을 밝혀 적고, 그렇지 않은 경우에는 원형을 밝혀 적지 않는다는 것이다. 예를 들어 '귀뚜라미62), 딱따구리' 등은 생산성이 없는 어기인 '귀뚤, 딱딱'에 접사마저 '-아미, -우리'가 결합한 단어로 형태론적이나 의미론적으로 어휘화한 파생어라 할 수 있다. 그러므로 원형을 밝혀 적지 않는 것이 타당하다고 하겠다.
  그러나 예 (58)은 어기의 재구조화에 의한 어휘화의 기준에서 살펴볼 필요가 있다. 먼저 어기는 재구조화나, 화석화되지 않아 그 형태가

---

61) 북한에서는 '널따랗다' 대신 '넓다랗다'를 문화어로 채택하고 있다.
62) 평안도 방언에서는 '귀뚜라미'가 '귀뚤기'로 나타난다.

어느 정도 파악된다.

> (59) 개구리 – 개굴개굴, 개굴거머리, 개굴때기
>
> 　　 기러기 – 기럭아비, 기럭기럭[63]
>
> 　　 뻐꾸기 – 뻐국피리, 뻐꾹새, 뻐꾹뻐국, 뻐꾹시계[64]
>
> 　　 누더기 – 누덕누덕하다, 누덕바지, 누덕이불, 누덕쪼박, 누덕치마

예 (59)에서와 같이 '개구리'는 '개굴때기[65], 개굴개굴'의 형태가 나타나고, '뻐꾸기'는 '뻐꾹피리', '뻐꾹뻐꾹', '뻐꾹새'가 사용된다. 또한 '기러기'는 '기럭아비, 기럭기럭'의 단어가 보이며, 누더기는 '누덕이불, 누덕바지'가 보인다. 즉, '깍뚝, 뻐꾹, 누덕, 개굴'과 같은 어기가 확인된다. 이는 형태가 동일하고 의미까지 공통된 형태들이 나타나는 것으로, 이 어기들은 재구조화, 화석화되지 않았다는 것을 보여준다.

단순히 '-하다'나 '-거리다'와 결합할 수 없고, 고빈도 어휘이므로 형태 변화가 용이하다는 점과 어기가 사용되지 않는다고 하여 어휘화되었다고 보기는 어렵다.[66] 즉 '-하다, -거리다'로만 판단할 것이 아니라, '개굴' 등은 재구조화되지 않았고, 그 활용 형태가 남아있으며, 의미변화 또한 나타나지 않으므로 어휘와 원칙에 준하지 않는다. 또한 명사 파생 접미사 '-이'의 결합으로 국어어휘 형성 규칙에

---

63) 북한에서는 '기러기'를 '기럭'으로 표기한다.

64) '뻐꾸기시계'의 준말로 나타난다.

65) '개구리'의 잘못된 표기

66) 품사 전성에 의한 어휘화로 볼 수도 있으나 이와는 다르다. 물론 품사가 전성되기는 하였으나, 명사파생 접미사 '-이'에 의한 품사 전성은 일반적인 어휘형성 규칙이므로 위에서 설명한 '묻, 새'의 품사 전성과는 다르다.

부합된다.

그러므로 '뻐꾸기, 누더기, 기러기, 개구리' 등은 오히려 '*뻐꾹이, *누덕이, *기럭이, *개굴이'로 표기하는 것이 바른 것으로 생각된다. 그러나 이미 언중들에게 하나의 단어로 고착화되어 되돌리기는 어려운 실정이다.

3.2.2.2. 합성어 어기의 요인

현대국어의 합성어도 파생어와 같이 공시적으로 소멸된 어휘가 어기로 남아 있는 형태를 보인다. 이는 현대국어에서는 소멸된 어기가 과거에는 생산적으로 어휘형성에 구성 성분으로 참여하였기 때문이다. 그러나 현재 어휘체계에서도 그 흔적을 찾아 볼 수 있는 이유는 생산성이 없는 어기가 다른 어휘로 대체되었거나, 다른 형태로 바뀌었는데도 어휘가 형성될 당시의 형태를 유지하고 있기 때문이다.

이와 같이 공시적으로 생산성이 없거나 소멸된 어기는 공시적으로 합성 성분들의 분석과 결합 과정을 설명하기 어렵다. 그러므로 합성어의 어기에 나타나는 어휘화된 어기는 형태론적 어휘화 현상의 중요한 요인이다.

다음에서는 합성어의 어기 변화로 나타나는 어휘화 현상을 어기의 품사적 자질로 분류하여, 체언 어기, 용언 어기로 나누어 다루고자 한다.

1) 체언 어기의 변화

중세국어 당시는 생산적으로 쓰였으나 지금은 소멸한 명사 어기를 구성성분으로 하는 합성명사이므로, 공시적인 문법 체계 내에서 이들 어휘의 분석과 결합 과정을 설명할 수 없다. 따라서 이는 명사 어기의 작용에 의해 형태론적으로 어휘화된 경우이다. 먼저 어기의 소멸에 의한 어휘화 현상을 살펴보기로 한다.

(60) 가랑개미, 가랑눈, 가랑비, 가랑잎, 가랑니

(60)의 '가랑비'는 '(이슬비보다는 좀 굵은) 가늘게 내리는 비. 세우(細雨)'의 뜻을 지니는 점에서 앞 어기를 형용사 'ㄱᄂᆞᆯ다(細)'의 관형어 'ㄱᄂᆞᆫ'으로 볼 수도 있으나, '가랑'과의 형태적 유연성을 고려하면 명사 'ㄱᄅᆞ(粉)67)'가 현대국어에서 '가랑'으로 형태 변화된 것으로 볼 수도 있을 듯하다.

(61) ㄱᄅᆞ+비 – ㄱᄅᆞ비 > ㄱᄅᆞ빙 > ㄱ랑비 > 가랑비

현재 'ㄱᄅᆞ'는 예(61)의 과정을 거쳐 '가랑'으로 변모하였다. 현재 '가랑'의 생산성은 전혀 찾아 볼 수 없고 5語에서 그 생산성이 멈춰 있다.68)

---

67) 모물 ᄇᆞᅀᆞ며 命을 ㄱᄅᆞ히 ᄀᆞᆮ히 ᄒᆞ야도 <法華經諺解 1:223>

68) 방언에서도 '제주 – 가랑궹이(생쥐), 가랑좁쌀, 경상-가랑파' 등 그 흔적을 찾아 볼 수 있다.

(62) 넌출먹이, 넌출문, 넌출비수리, 넌출소분합, 넌출수국, 넌출월귤

　(62)의 '넌출'[69]은 중세 국어의 명사 '너출(길게 벋어 나가 너덜너덜 늘어진 식물의 줄기)', 동사 '너출다(뻗쳐서 옮다, 蔓)'의 어기에서 그 구성 성분을 추적할 수 있다. 이 '넌출, 넌출다'는 과거에 생산적으로 쓰였으나, 지금은 독립된 단어로 사용되는 예가 없다.[70] 현대국어에서는 '넌출'의 형태가 소멸되고, 이와 비슷한 개념으로 '덩굴, 넝쿨' 등의 어휘가 사용되고 있다. 그러므로 (62)의 예들은 앞 어기로 '너출(蔓)'의 형태를 지니고 있어서, 어휘형성의 과정을 공시적으로 설명할 수 없다.

(63) 곁가리, 곁동[71], 곁땀, 곁바대, 곁부축

　(63)의 예는 현대국어 '겨드랑이'에서 어기 '곁(腋)'이 소멸된 것이다. 현대국어에서 '곁'의 형태는 찾아볼 수 없다. 물론 현대국어에서도 '곁(腋)'이 변천된 형태인 '곁'[72]이 사용되고 있으나, 의미상으로 '겨드랑이'의 의미가 아닌 '옆, 주변'의 의미로 사용되고 있다. 현대국어에서는 위의 예 (63)에서만 '겨드랑이'의 의미가 나타나고 있다.

---

69) 너츨 > 너출 > 넌출
70) 藤蘿 다 **너추는** 거시라 <永嘉集諺解 下 113>
71) 활쏘기에서 '겨드랑이' 를 이르는 말
72) '주변, 옆'의 의미인 접두사 '곁'은 '곁가지. 곁다리, 곁불' 등' 매우 생산적인 모습을 보인다.

(64) 머리옛 고지 이울며 겯 아래 쏨나며 뎡바기옛 光明이 업스며
      <月印釋譜 2:13>

중세국어 당시 (64)와 같이 하나의 독립된 어휘로 사용되었으나, (63)과 같이 현대국어에서는 '겨드랑이' 외에 '겯'의 형태로만 남아 있다. 이는 명사 합성어의 어기가 소멸되어 어휘화의 요인으로 작용하기 때문이다.

(65) 구화반자, 구화장지
      菊 구홧 국 <訓蒙字會 上:7>

(65)의 예 '구화반자, 구화장지'는 현재 '구화(菊)'의 형태가 잔존해 있는 유일한 어휘이다. '구화'가 '국화'로 음운 첨가로 인해 그 형태가 변하면서 '국화'의 어기로 현대국어에서 생산성을 보이는 반면, '구화'는 (17)의 예로 두 단어만 현대국어에 남아 있다.

(66) 줌치칼

(66)의 '줌치(囊)'는 현재 경상남도, 제주도 등의 일부 지역의 방언으로만 사용되며 표준어는 '주머니'이다. 그렇다면 '줌치'는 공시적으로 비생산적인 단어이므로 '주머니칼'만 쓰여야 할 것이지만 사전에는 '주머니칼'과 '줌치칼73)'이 모두 등재되어 있다.74) 이때 '줌치칼'이

---

73) 한글학회(1994)의 『새우리말큰사전』에만 수록되어 있다. 『국어대사전』, 『표준국어대사전』에는 수록되어 있지 않다.

현대 국어의 방언 '줌치'를 합성 성분으로 취한 공시적인 합성어인지, 소멸된 어휘 '줌치'가 화석화된 것인지를 가리기는 쉽지 않다.

  (67) 한가위,   냇가, 입가,   눈곱, 발곱,

  (67)의 경우, '냇가, 입가'의 뒤 어기에 남아 있는 '가(邊)'는 'ᄀᆞᆺ>ᄀᆞ>가(邊)'의 변천 과정을 겪은 말이다. 또 '한가위'의 앞 어기 '한'은 중세 국어의 형용사 '하다(大, 多)'의 관형사형으로, 현대국어에서는 접두사로 처리하는 경향이 있는데, 이는 '한길, 한물' 등과 함께 어휘 '하다(大, 多)'가 화석화된 것으로 취급해야 한다. '눈곱, 발곱'의 '곱(脂)'은 원래 '脂'와 '倍'를 뜻하는 동음이의어였는데, 현재는 '脂'를 뜻하는 '곱'은 '기름'으로 대체되었다(심재기, 1982:128). 따라서 '눈곱, 발곱'은 어기 '곱'이 화석화되어 '눈곱, 발곱'의 형태만 나타나므로 공시적으로 어기의 분석 및 결합 과정을 설명할 수 없는 형태론적 어휘화의 예라 하겠다.

  (68) 멧돼지, 멧기슭, 멧짐승, 멧나물, 멧누에, 멧닭

  (68)은 '멧괴'의 앞 어기 '멧'은 '뫼(山)'의 형태로 소급이 가능하지만, 현재의 '멧'은 '멧돼지, 멧기슭, 멧짐승, 멧나물, 멧누에, 멧닭' 등과 같이 생산적으로 단어를 형성하므로 어기 변화에 의한 어휘화라기보다는, 어기 '멧'이 문법화하여 파생 접사로 사용되는 예로 처리해야

---

74) 줌치칼(경상) : 주머니칼

할 것이다.

　(69) 겉꺼풀, 눈꺼풀, 속꺼풀

　'겉꺼풀, 눈꺼풀, 속꺼풀' 등의 '꺼풀'에 대해 유창돈(1973:24)에서는 '表面, 表皮'를 뜻하는 '갚/ 겊'이 '*갚을, *겊을'을 통해 소급되고, 또 '겊을'은 '숲을>수플'과 같이 파생 접미사 '-을'이 연결된 어형으로 보았다. 그러나 본고에서는 '꺼풀'을 어휘화된 하나의 단어로 취급하여 하나의 구성 성분으로 다루고자 한다. 접미사 '-을'의 연원을 추정할 수 없고, 현대국어에서 그 생산성을 전혀 찾아 볼 수 없으며, 접미사 '-을'과의 결합으로 '*갚을, *겊을'로 나타나는 것이 아니라, '꺼풀'의 형태로 재구조화되었기 때문이다.

　(70) 입덧, 고슴도치, 씨돝, 중돝

　(70)의 경우, '고슴도치'는 어원적으로 '고솜(蝟)+ 돝(猪)+ -이'로 분석되는데, 이때 명사 '돝'이 아닌 '돛'의 형태로 남은 것이다. 그런데 명사 '돝'은 방언에 따라 '암톳, 수톳' 등의 형태로 쓰이는 것도 있는데, 이는 '돝'의 받침 /ㅌ/이 마찰음화된 것이며, 결국 '돝>돛'의 변화를 거쳐 원래의 모습을 그대로 유지할 수 없게 된 경우라 할 것이다. (송철의, 1993:356).

　(71) 갖바치, 성냥바치, 호사바치

(71)의 경우, '갖바치, 성냥바치, 호사바치'의 접미사 '바치[75]'는 현대국어에서 일부 명사에 붙어 '그 물건을 만들거나 그 직업에 종사하는 사람'을 나타내는 파생 접미사로 보고 있다. 그러나 '-바치'는 명사에서 전성되어 접미사로 된 형태이다.[76] '-바치'가 파생 접미사라면 생산적으로 단어를 파생할 수 있어야 하는데, '갖바치, 성냥바치, 호사바치' 외에는 '바치'와 결합되는 단어가 없다. 따라서 (71)의 예들은 본래 명사였던 접미사 '바치'에 의해 형태론적으로 어휘화한 단어로 처리하고자 한다.

(72) 나무초리, 눈초리, 뒤초리, 제비초리, 회초리

(72)의 경우, '나무초리, 눈초리, 뒤초리, 회초리'의 뒤 어기 '초리'는 중세국어 당시는 생산적으로 쓰였으나, 현대 국어에서는 이미 소멸하고 '꼬리'가 그 자리를 대신하고 있다. 만약 '초리'가 공시적으로도 생산적인 어휘라면 '꼬리'가 들어가는 모든 자리에 '초리'가 대체될 수 있어야 하겠지만 실제 그렇지 못하며, '나무초리, 눈초리, 제비초리' 등의 몇몇 단어에만 구성 성분으로 참여하는 결합상의 제약을 보인다. 이러한 이유로 현대 국어에서는 '초리'를 어기와 결합하여 '가늘고 뾰족한 부분'의 뜻을 더하는 접미사로 처리하지만, '초리'는 공시적으로 어휘형성력이 낮을 뿐 아니라, 현재 독자적으로 쓰이지 않으

---

75) '-바치'에서 '-아치/-치'도 추론할 수 있다. '바치>바치>아치'의 과정으로 '-아치/-치'의 연원을 찾을 수 있는 것이다.

76) 바치 공 工 <類合 下60>

므로 (72)의 예들은 (71)과 같이 명사어기의 변화로 인한 형태론적 어휘화의 예로 처리해야 할 것이다.

현대국어의 합성어도 파생어와 같이 공시적으로 소멸된 어휘가 어기로 남아 있는 형태를 보인다. 이는 현대국어에서는 소멸된 어기가 과거에는 생산적으로 어휘형성에 구성 성분으로 참여하였기 때문이다. 그러나 현재 어휘체계에서도 그 흔적을 찾아 볼 수 있는 이유는 생산성이 없는 어기가 다른 어휘로 代替되었거나, 다른 형태로 바뀌었는데도 어휘가 형성될 당시의 형태를 유지하고 있기 때문이다.

이와 같이 공시적으로 생산성이 없거나 소멸된 어기는 공시적으로 합성 성분들의 분석과 결합 과정을 설명하기 어렵다. 그러므로 체언의 어기에 나타나는 어휘화된 어기는 형태론적 어휘화 현상의 중요한 요인이다.

2) 용언 어기의 변화

현대 국어의 합성어 중에는 합성 성분의 어기로 쓰인 용언이 이미 소멸했는데도 소멸하기 전의 형태를 유지하여 공시적으로 그 결합 관계를 설명할 수 없는 것들이 있다. 이러한 단어는 동사가 소멸하기 전의 형태가 남아 있는 것이므로, 형태론적으로 어휘화된 단어로 보고자 한다.

(73) 거슬톱니

'거슬톱니'의 경우, 현대 국어에는 타동사 '거스르다'와 자동사 '거

슬리다'가 존재한다. 이에 근거하여 '거슬톱니'가 최근에 형성된 어휘
라면 '거스름돈', '거스름떡' 등과 견주어 볼 때, '거스를톱니'나 '거스
릴톱니'가 되어야 어휘형성 규칙에도 적합하다. 그러나 '거슬톱니'는
'거슬다(逆)'가 존재할 무렵 만들어진 단어이므로, 공시적으로는 앞
어기와 뒤 어기의 결합 과정을 설명할 수 없다.

(74) 너러반석, 너럭바위, 너러석바위

(74)의 경우, 중세 국어의 형용사 '너르다(廣)'는 현대 국어에 와서
'너르다'나 '넓다'로 변천하였으니, 공시적인 어휘형성의 측면에서 본
다면, '*너른반석, *너른바위'나 '*넓은반석, *넓은바위'의 형태로 사
용되어야 한다. 그러나 '너러반석, 너럭바위' 등은 형용사 '너르다(廣)'
가 화석화된 형태로 앞 어기에 쓰였으므로, 형태론적으로 어휘화했다
고 볼 수 있다.

(75) 자물단추, 자물쇠

(75)의 경우, 현대국어에서 'ㅈㆍㅁ다(鑕)'가 소멸하기 전에 이미 구
성 성분으로 참여했던 단어로, 앞 어기가 화석화된 것이어서 공시적
인 측면에서 분석과 결합 관계를 설명할 수 없다. 만약 (75)의 예가
공시적으로 어휘형성 규칙에 의해 도출된 단어라면, '자물단추, 자물
쇠'가 아니라 '잠글단추, 잠글쇠'가 되어야 할 것이다. 따라서 이들
(75)의 예도 동사 어기의 화석화에 의해 형태론적으로 어휘화한 것으

로 처리한다.

(76) 한길, 한물

(76)의 경우, '하다(大, 多)'의 관형형이 앞 어기로 쓰인 합성명사로, 현대 국어에서 '한-'은 접두사로 처리하고 있다. '한-'역시 형용사 '하다'의 어기 소멸에서 비롯된 접두사화 현상이다. '한밤중, 한더위, 한겨울'과 같이 '한창'의 뜻으로 사용된 경우나, '한가운데, 한복판'과 같이 '바로'의 뜻으로 사용된 경우는 어휘형성에 생산적인 모습을 보인다. 그러나 '한길, 한물'과 같이 '하다(大, 多)'의 뜻으로 쓰인 경우는 많은 어휘를 형성하지 못하므로, 이 '하다(大, 多)'에서 파생된 접두사는 어기 '하다'의 화석화에 의해 나타난 형태론적 어휘화로 볼 수밖에 없다.

(77) 온갖, 온통
    왼소리, 왼편, 왼쪽   오른편, 오른쪽

(77)의 예들은 앞 어기가 현재 소멸하여 독립적으로는 더 이상 쓰이지 않는다는 점에서 (76)의 예들과 비슷한 양상을 보인다. 그러나 (77)의 앞 어기는 공시적인 어휘형성의 측면에서 보면, 생산적이어서 (76)의 예들과 다르다.

'온'은 형용사 '올다(全, 完)'의 관형형으로 '올다'는 이미 소멸한 단어이다. 그러나 '올다'의 관형형 '온'은 '온갖, 온통' 외에도 '온가지, 온

몸, 온밤, 온벽, 온살, 온정신' 등과 같이 매우 생산적으로 어휘형성의
구성 성분으로 나타난다.

'왼'은 형용사 '외다(誤)'의 관형형으로, '외다(그르다)' 또한 이미 소
멸한 단어이다. 그런데 현대국어에서 '왼편, 왼쪽'의 어기 '왼'은 '오른
(右)'에 대치되는 '左'의 뜻으로 보기도 하지만, '오른손, 오른편, 오른
쪽' 등을 '바른손, 바른편, 바른쪽'으로 인식하는 경향이 있으므로, '왼
손, 왼편, 왼쪽'도 '그른손, 그른편, 그른쪽'으로 이해할 수 있다. 그러
나 '외다'의 관형형 '왼'은 '왼소리, 왼편, 왼쪽' 외에도 '왼다리, 왼손,
왼배지기, 왼눈, 왼녘, 왼발, 왼빔' 등과 같이 생산적으로 합성어 형성
과정에 나타난다. 이와 같은 脈絡에서 '왼'의 반의어 '오른' 또한 형용
사 '올흐다'의 관형형으로, '올흐다'는 이미 소멸한 단어이다. 그런데
관형형 '오른'은 '오른편, 오른쪽' 외에도 '오른다리, 오른손, 오른배지
기, 오른눈, 오른발, 오른빔' 등과 같이 합성어 형성 과정에 생산적으
로 나타난다.

현대국어의 합성어도 파생어와 같이 공시적으로 소멸된 어휘가 어
기로 남아 있는 형태를 보인다. 이는 현대국어에서는 소멸된 어기가
과거에는 생산적으로 어휘형성에 구성 성분으로 참여하였기 때문이
다. 그러나 현재 어휘체계에서도 그 흔적을 찾아 볼 수 있는 이유는
생산성이 없는 어기가 다른 어휘로 대체되었거나, 다른 형태로 바뀌
었는데도 어휘가 형성될 당시의 형태를 유지하고 있기 때문이다.

이와 같이 공시적으로 생산성이 없거나 소멸된 어기는 공시적으로
합성 성분들의 분석과 결합 과정을 설명하기 어렵다. 그러므로 합성
어의 어기에 나타나는 어휘화된 어기는 형태론적 어휘화 현상의 중

요한 요인이다.

접사, 어기가 주도하는 어휘화 현상에 대해서도 앞선 연구에서 어기가 소멸되어 나타나는 것, 접사의 비생산성만을 어휘화로 인정하였지만, 본고에서는 어기가 소멸되지 않고 어기가 재구조화가 되어 나타나는 어례도 어휘화로 인정하였다. 이는 어기가 소멸된 것이 아니지만 그 형태가 변화를 입었거나 규칙이 바뀌었기 때문에, 공시적으로 어휘형성 규칙으로 설명할 수 없기 때문이다. 또한 생산성에 근거한 어휘화의 判別에서 벗어나 접사나 어기의 문법적 범주의 변화로 인한 어휘화도 제시하여 보다 폭넓은 어휘화 범주를 세움으로써 국어어휘 체계는 보다 투명해 질 것이다.

3.3. 의미론적 어휘화

언어 형식은 소리와 의미의 결합체로 하나의 곱에 반드시 하나의 의미만이 존재하는 것이 아니라, 의미적 연관성에 의해 다의현상이나 동음이의 현상이 나타난다. 그러므로 생산적인 규칙에 의해 형성된 언어형식은 구성 성분의 의미 분석 작업을 통해서도 그 구성체의 어휘형성 관계를 쉽게 파악해 낼 수 있다. 그러나 언어란 언제나 변화하는 존재이므로 때로는 의미의 변화로 인하여 언어형식의 의미가 구성 성분의 의미와 판이하게 다른 경우도 나타난다. 이와 같이 언어형식의 의미가 어구성의 원칙을 상실하면, 어떠한 규칙이나 원리로 그 의미를 예측할 수 없으므로, 학습과 기억에 의존하여 이를 사용하게 된다.

어휘는 본래의 의미와 변화된 의미로 이루어지며, 이들은 기본적으로 의미상 연관성을 유지하고 있다. 그러나 시간이 변화함에 따라 유지되었던 의미적 연관성이 은유, 제유, 환유 등에 의한 사용 빈도가 높아지게 되어 의미 변화의 요인으로 작용하게 된다. 이는 의미론적 측면에서 별개의 단어로 인식되는 것으로, 이들은 본래 의미와 변화 의미의 연관성을 맺을 수 없다. 이처럼 본래의 의미와 의미상 연관성을 찾을 수 없을 만큼 변화된 의미는 본래의 의미와는 다른 문법적 적용 대상과 범위를 가진다. 또 지시물이 역사적으로 소멸했거나, 지시물에 대한 화자의 인식이 변화하여 원래의 의미는 소멸하고 그 자리를 변화된 의미가 대신하는 경우가 있다. 이러한 어휘 역시 본래의 의미와 의미적 유연성이 상실되었으므로 의미론적으로 불투명하다고 할 수 있다.

일반적으로 句나 節은 통사적 구성이므로 결합하는 구성 성분의 의미가 보존된다. 그러나 어휘화된 단어는 그 구성 성분들이 의미론적으로도 긴밀하게 결합되어 본래의 의미와는 전혀 다른 의미로 사용되기도 한다. 이 상에서는 구성 성분의 의미변화로 인해, 그리고 구성 성분간의 의미적 결합으로 인해 나타나는 의미적 연관성의 상실을 의미론적 어휘화의 범주에 포함시키고자 한다. 그리고 그 양상을 의미적 유연성의 보존 유무에 따라 의미의 확대, 의미의 분화, 의미의 전이로 나누어 살펴보고자 한다.

3.3.1. 의미확대와 어휘화

의미의 확대란 기본적으로 한 단어가 지니는 본래의 의미와 변화된 의미가 의미상 연관성을 유지하는 것을 말한다. 그런데 의미상 연관성을 유지하고 있다는 것은 같은 단어의 다의관계로 유지하느냐 아니면, 의미적 단절에 의한 동음이의 관계로 인식하느냐에 그 차이가 있다. 여기에서는 의미확대에 의한 다의현상을 의미확대에 의한 어휘화 현상으로 다루고자 한다. 그러나 다의현상 내에서도 의미적 연관성을 쉽게 찾을 수 있는 단어는 의미론적 어휘화의 범주에서 제외한다. 의미의 확대에 의한 어휘화 현상은 현재 다의현상으로 처리되는 단어이지만, 동음이의 현상에 준하는 의미적 연관성을 상실한 경우를 말한다.

다의현상이 구성 성분의 의미에 그대로 반영된 통사적 의미를 바탕으로 하여 의미적 연관성을 유지하는 경우는 의미의 확대에 의한 다의현상으로 처리한다. 그 예를 찾아보기로 한다.

> (78) '꽃'의 사전적 의미
> 1) 종자식물의 유성(有性) 생식 기관. 모양과 빛깔이 가지각색임. 꽃자루 끝에서 피며, 꽃술과 화피(花被)로 나뉨.
> 2) '아름답고 화려한 것'을 비유하여 이르는 말
>   예) 꽃 같은 청춘.
> 3) '아름다운 여자'를 비유하여 이르는 말
> 4) 누구나 되고 싶어하는 인기 있는 것
>   예) 군인의 꽃은 장군이다.
> 5) 홍역 따위를 앓을 때, 살갗에 좁쌀처럼 불긋불긋하게 내돋는 것.

위의 예 (78)에서는 그 본래 의미 1)에서 의미가 확대되어 2)-5)의 양상을 보인다. 의미확대에 의한 어휘화 현상도 이 다의현상에 기인하는 것이다.

> (79) 꽃밭 - 1) 꽃을 많이 심은 곳. 또는 많은 꽃이 핀 곳. 화단, 화원
> 2) '아름다운 여자가 많이 모여 있는 곳'을 비유하여 이르는 말
> 피땀 - 1) 피와 땀을 아울러 이르는 말
> 2) 무엇을 이루기 위하여 애쓰는 노력과 정성을 비유적으로 이르는 말

예 (79)에서 알 수 있듯이 '꽃밭, 피땀'은 두 가지 사전 의미를 가지고 있다. 1)의 의미와 비교할 때 각각 2)의 의미는 1)의 의미와 비유에 의해 연결될 수 있으므로, 단어의 본래 의미가 다른 의미로 확대된 것으로 해석된다. 그러므로 2)의 의미만으로 '꽃+밭'의 의미를 추출하게 되면, 2)의 의미를 예 (78-3)의 의미에 연관시켜 그 의미를 파악하게 된다. 그러므로 이러한 의미적 연관성에 익한 다의어는 다른 성분과의 결합 관계에서도 그 의미를 쉽게 예측할 수 있다. 즉, '꽃밭, 피땀'의 다의현상에 의한 의미가 쉽게 예측되므로 2)의 의미로서 동음이의어로 처리하여 '꽃밭2), 피땀2)'를 전혀 다른 단어로 처리하기는 불가능하다[77].

그러나 본래의 의미적 성격을 지닌 채 다른 구성성분과 결합하여 새로운 단어를 형성하는 과정에서 본래 의미와는 전혀 다른, 또는 확

---

77) 이러한 예로 '곰, 여우, 제비' 등을 들 수 있다.

대된 의미와는 연관성을 찾아 볼 수 없고 유추에 의한 연관성만 찾아 볼 수 있는 어례가 있다. 다의관계에서도 이 의미적 연관성을 찾을 수 없는 어휘가 생성되었다면, 이는 의미론적 어휘화의 범주에 포함될 것이다.

> (80) 풀밭- 1. 잡풀이 많이 난 땅
> 　　　　2. 식물성으로 된 반찬만 있는 밥상을 낮춰 부르는 말
> 　　가위질- 1. 가위로 자르거나 오리는 일
> 　　　　　2. 언론 기사나 영화 작품 따위를 검열하여 그 일부분을 삭제하는 일을 비유적으로 이르는 말
> 　　안성맞춤- 1. 요구하거나 생각한 대로 잘된 물건을 비유적으로 이르는 말.
> 　　　　　　　경기도 안성에 유기를 주문하여 만든 것처럼 잘 들어맞는다는 데서 유래한다.
> 　　　　　　2. 조건이나 상황이 어떤 경우나 계제에 잘 어울림
> 　　샌님- 1. '생원님'의 준말
> 　　　　2. 얌전하고 고루한 사람을 놀림조로 이르는 말

'가위질'은 어기 '가위'에 행위를 나타내는 접미사 '-질'이 결합되어 이루어졌다. 그러므로 그 의미도 <가위로 자르는 행위>가 되어야 할 것이다. 그러나 이 파생어는 꼭 이와 같은 의미로만 쓰이지는 않는다. <삭제>라는 의미로도 쓰인다. 후자의 의미는 이 파생어가 비유적 의미로 쓰였다고 볼 수 있다. 전자의 의미가 일반적으로 쓰이는 의미인데 만약 후자의 의미로 쓰였다면, 이 파생어는 어기와 파생 접사로부터 그 의미를 예측하기 어렵게 된다.

'안성맞춤'은 본래 '경기도 안성에서 유기를 주문하여 맞추는 일'을 뜻하는 말이었다. 그러나 '안성 유기'라는 특정한 지시 대상이 사라져 버린 오늘날에 있어서는, 안성 유기의 품질이 우수한 데에서 비롯된 '어떤 물건이 튼튼하고 좋아서 마음에 딱 들어맞음'이라는 의미가 '안성맞춤'의 중심 의미로 자리잡고 있다.

'생원님'의 준말인 '샌님'도, 본래는 '양반 선비'라는 중심 의미와 이에서 확장된 '너무 얌전하고도 고루한 사람'이라는 변이 의미를 함께 지닌 것이었다. 그러나 '양반 선비'라는 지시 대상이 사라져 버린 오늘날에 있어서는 '너무 얌전하고도 고루한 사람'이라는 의미가 '샌님'의 중심 의미로 사용되고 있는 것이다. 이와 같이 단어의 중심 의미가 사라지고 변이 의미가 그 자리를 대신 차지하게 된 경우에도 그 어휘는 구성 성분의 의미로써 구성체의 의미를 예측할 수 없으므로, 의미론적 어휘화의 범주에 포함된다. 그러나 의미확대에 의한 다의현상은 이미 사전적 정의에 그 의미적 연관성을 포함하고 있으므로 의미의 연관성 상실에 의한 의미론적 어휘화 현상은 많이 나타나지 않는다.

    (81) 갈고랑쇠
        ① 갈고랑이 모양으로 된 쇠
        ② '성질이 꼬부장한 사람'의 비유
    구새먹다
        ① 살아있는 나무의 속이 저절로 썩어서 구멍이 뚫리다
        ② '속이 못쓰게 되었거나 내용이 비어 있음'의 비유
    대갈마치
        ① 말굽에 편자를 신길 적에 대갈을 박는 작은 마치

② '검질긴 사람'의 비유

서리병아리

① 이른 가을에 깬 병아리

② '힘없이 추레한 사람'의 비유

주먹심

① 주먹으로 때리거나 쥐는 힘

② '남을 억누르는 힘'의 비유

깡통차다

① 깡통을 발로 차는 행위

② 가진 재산을 모두 잃어버림

(81)의 예들은 구성 성분의 의미가 반영된 통사적 의미와 이를 바탕으로 한 비유적 의미가 공존하는데, 이들은 의미론적으로 연관성을 유지한다고 인정되므로 어휘화되었다고 볼 수 없고, 의미론적 어휘화의 중간 단계에 위치한다고 하겠다.

(82) 감싸다, 건너짚다, 계빠지다, 곯아빠지다, 구워박다, 까먹다,
논풀다, 다랑귀뛰다, 뒤턱, 묵사발, 밀막다, 받걷이

(82)의 예들도 (81)과 같이 구성 성분의 의미가 반영된 통사적 의미가 존재하면서, 동시에 의미적 연관성을 상실한 형태적 의미가 존재한다. 그런데 이들은 통사적 의미와 형태적 의미가 의미론적으로 연관성은 없지만, 현재 공존하기 때문에 의미론적으로 어휘화되었다고는 단정짓기 어렵다. 따라서 (82)도 (81)과 같이 의미론적 어휘화의 중간 단계에 위치한다고 하겠다.

의미상 연관성을 유지하고 있다는 것은 같은 단어의 다의관계로 유지하느냐 아니면, 의미적 단절에 의한 동음이의 관계로 인식하느냐에 그 차이가 있다. 여기에서는 의미확대에 의한 다의현상을 의미확대에 의한 어휘화 현상으로 다루고자 한다. 그러나 다의현상 내에서도 의미적 연관성을 쉽게 찾을 수 있는 단어는 의미론적 어휘화의 범주에서 제외한다. 의미의 확대에 의한 어휘화 현상은 현재 다의현상으로 처리되는 단어이지만, 동음이의 현상에 준하는 의미적 연관성을 상실한 경우를 말한다. 다의현상이 구성 성분의 의미에 그대로 반영된 통사적 의미를 바탕으로 하여 의미적 연관성을 유지하는 경우는 의미의 확대에 의한 다의현상으로 처리하고자 한다.

3.3.2. 의미분화와 어휘화

사회의 변화와 발전에 따라 새로운 지시 대상이 나타나면, 이를 표현하기 위하여 새로운 단어가 만들어진다. 그러나 표현해야 할 사물이나 현상은 매우 다양하고 복잡하므로, 모든 지시 대상의 표현을 새로운 형태의 단어로 生成할 수 없다. 이는 새로운 어휘 형태에 대한 학습이 부담감으로 작용하고 어휘체계 또한 복잡해질 것이기 때문이다.

이러한 단점을 극복하는 방법으로 새로운 지시 대상의 개념을 기존 단어의 개념과 연결시키는 새로운 단어를 創出하는 것이다. 이러한 어휘형성은 주로 비유에 의해 이루어진다. 즉, 새로운 지시 대상의 의미는 기존 단어가 가진 여러 의미에서 출발한다.

의미의 분화는 어떤 언어형식의 중심 의미와 이에서 확장된 의미간에 연관성을 찾을 수 없을 만큼 단절된 것으로, 별개의 단어로 인식되는 의미 현상이다. 즉, 한 단어가 지니는 본래의 의미와 변화된 의미가 의미적 연관성을 상실한 경우로, 본래의 의미와 의미적 연관성이 단절된 의미는 원래의 단어와는 전혀 다른 새로운 의미를 획득하였으므로, 의미론적 어휘화의 범주에 포함될 것이다.

의미의 분화는 파생어나 합성어와 같은 어휘 단위를 비롯하여, 통사적 구성체에서도 찾아 볼 수 있다. 이러한 의미의 분화가 나타나는 언어형식은 복합적인 형태 구조를 가지고 있다 하더라도 그 의미론적 특이성으로 인하여 하나의 단어로 다루어진다.

의미분화에 의한 어휘화 유형을 어기, 접사, 문법소로 나누어 살펴보고자 한다. 먼저 어기가 의미의 분화에 의해 의미 변화가 나타나는 경우는 분석이 불가능한 단일어로 인식되거나, 분석이 가능하다 하더라도 구성 성분의 의미로써는 그 구성체의 의미를 예측하는 일이 불가능하게 된다. 구성 의미가 어기간의 결합으로 이루어진 것이라면 그 구성 성분은 어휘성을 지닌 것이기에 그 의미가 구성성분으로부터 예측되어야 할 것이다. 그러나 예측을 할 수 없을 때 의미론적 어휘화의 범주에 들어가게 된다.

먼저 어기의 본래 의미는 사라지고 변화 의미가 그 자리를 대신하게 되는 의미론적 어휘화 현상을 살펴 보기로 한다.

> (83) 노름(놀-+ -음) 거름(걸-+ -음),
> 　　　고름(곯-+ -음), 주름(줄-+ -음)

(83)은 '노름[賭博], 거름[肥料], 고름[膿], 주름[襞]'은 각각 '놀다, 걸다, 곯다, 줄다'의 어간에 파생 접미사 '-음'이 결합된 파생명사이다. 그러나 이 단어의 본래 의미는 사라지고 변화된 의미가 주된 의미로 사용됨으로써, 이제는 파생어가 아닌 하나의 단일어로 인식되고 있다.

(83)의 '노름'은 동사 어기 '놀-'과 명사파생 접사 '-음'이 결합되어 이루어진 단어이다. 그런데 '놀음'이 '여럿이 모여 즐겁게 노는 일'인데, '노름'은 '도박'의 의미로 쓰인다. '노름'은 어간 '놀-'의 의미와 연관성이 멀어져 어간의 의미로부터 파생 관계를 짐작하기가 어렵게 되었다. 따라서 의미론적으로 어휘화된 예라 하겠다.

    (84) 망나니(막난이), 날라리(날랄이), 나들이

(84)의 '망나니'는 '죄인의 목을 베는 사람'이라는 본래의 의미가 사라지고 '말과 행동이 아주 막된 사람'이라는 의미로 사용된다. '날라리'는 의태어 '날랄'에 접미사 '-이'가 결합한 형태로 '언행이 어설프고 들떠서 미덥지 못한 사람을 낮잡아 이르는 말'로 사용되고 있다. '나들이'[78]도 본래는 '드나드는 일'이라는 의미를 가지고 있었으나, 이제 이러한 의미는 거의 쓰이지 않고 대개 '잠시 집을 떠나 가까운 곳을 다녀오는 일'이라는 뜻으로 사용되고 있다.

---

78) '나들이'에서 생성된 신어로는 '나들목'을 들 수 있다. 인터체인지 (interchange)의 순 우리말로 어간 '나들-'의 생산성을 인정하여 새로운 단어를 만든 예이다.

이러한 어휘는 의미적 연관성이 상실된 경우이다. 특히 '망나니, 날 랄이'의 경우는 의미적 연관성과 함께 형태적 연관성도 상실하였으므 로 하나의 어휘화된 단일어로 인식된다. 본래 의미는 사라지고 변화 된 의미가 그 자리를 대신함으로써, 의미분화에 의한 어휘화 현상을 찾아볼 수 있는 것이다.

다음 예는 본래의 의미에서 분화된 의미가 본래의 의미와 연관성 이 사라져서 다른 의미로 분화된 경우이다.

> (85) 드리다(들이다), 무치다(묻히다),
>   부치다(붙이다), 안치다(앉히다)

(85)의 예 '드리다, 무치다, 부치다, 안치다, 바치다'는 각각 '들이다, 묻히다, 붙이다, 앉히다, 받히다'에서 파생된 어휘이다. 이러한 어휘는 개념의 적용을 縮小시킴으로써 의미의 분화가 일어난 것이다. '드리 다'는 '높임말'에, '무치다'는 '나물'에, '부치다'는 '편지'나 '물건'에, '안 치다'는 '밥'이나 '국'에 각각 적용 영역이 제한되어 있다. 이러한 적용 영역의 제한으로 원래의 의미 '들다, 묻다, 붙다, 앉다'와 분화되어 본 래의 의미와의 연관성이 사라져 어휘화되는 것이다.

> (86) - 겨우살이1 : 겨울 동안 먹고 입고 지낼 옷과 양식 등을 통틀어
>   이르는 말
>   겨우살이2 : 겨우살잇과 식물을 통틀어 이르는 말
>
>   -까지다1 : ① 껍질 따위가 벗겨지다.

　② 재물(재산)이나 살이 줄게 되다.

까지다2　　 : 지나치게 약아서 되바라지다.

-더벅머리1　 : 더부룩하게 난 머리털

더벅머리2　 : 웃음을 파는 계집의 하나

-먹통 1　　 : ① '바보'나 '멍청이'를 농으로 이르는 말

　　　　　　② '전화 따위가 고장이 나서 사용하지 못하게 된

　　　　　　　것'을 비유하여 이르는 말

먹통(桶)2　 : ① 먹물을 담는 통

　　　　　　② 목재나 석재에 줄을 치는 데 쓰이는 기구

-보쌈(褓)1　 : 물고기를 잡는 도구의 하나

보쌈(褓)2　 : 삶아서 뼈를 추려 낸 소, 돼지 따위의 머리 고기를

　　　　　　보에 싸서 무거운 것으로 누른 뒤 썰어서 먹는 음

　　　　　　식

보쌈(褓)3　 : ① 귀한 집 딸이 둘 이상의 남편을 섬겨야 될 사주

　　　　　　팔자인 경우에, 밤에 외간 남자를 보에 싸서 잡아

　　　　　　다가 딸과 재우고 죽이던 일

　　　　　　② 뜻밖에 누구에게 붙잡혀 가는 일

　(86)의 예 '겨우살이, 까지다, 더벅머리, 먹통, 보쌈'에서는 위의 사
전적 의미에서 보듯이 개념을 적용하는 범위가 달라 두 의미 사이에
관련성을 찾기 어렵다. 국어 사전에서도 '겨우살이1'과 '겨우살이2',
'보쌈1, 보쌈2, 보쌈3' 등은 동음이의어로 처리하고 있다. 동음이의어
는 다른 단어로 취급되어 의미상의 연관성을 상실한 전형적인 예이

다. 그러므로 본래의 의미에서 확대된 변화 의미가 본래의 의미와의
관련을 끊고 다른 의미로 분화된 의미론적 어휘화 현상의 전형을 보
여준다.

그러나 (86)의 동음이의어가 아닌 다의어의 의미분화 현상도 살펴
볼 수 있다. 예 (87)에 나타나는 의미분화에 의한 다의현상은 본래의
의미와 변화된 의미의 사이에 연관성이 상실되는 중간 단계로 추정
하고자 한다.

> (87) 나들이 : 1. 가벼운 볼일로 집을 나서 다른 곳에 갔다가 오는 일
> 　　　　　　 2. 드나듦. 출입
> 　　하루살이 : 1. 하루살잇과에 딸린 벌레
> 　　　　　　　 2. 겨우 그날그날 닥치는 대로 사는 생활
> 　　노랑이 : 1. 생각이 좁고 몹시 인색한 사람[79)]
> 　　　　　　 2. 털 빛이 노란 개
> 　　　　　　 3. 노랑빛이 나는 물건
> 　　밤낮 : 1. 밤과 낮을 아울러 이르는 말
> 　　　　　 2. 밤과 낮을 가리지 않고 늘(부사)

일반적인 다의현상은 본래의 의미가 확대 적용되어 변화된 의미를
본래의 의미 하위 영역으로 다루고 있다. 하지만 위의 예 (87)은 어휘
의 구성적 의미, 즉 본래 의미가 중심 의미로 자리잡고 있는 것이 아
니라, 확대된 의미, 적용의 영역이 달라진 의미가 그 중심 의미를 차

---

79) '노랑이1'의 의미는 표기법에 있어 '노랭이'와 혼돈되는 양상을 보이고 있다. 현재
　 '노랭이'는 '노랑이'의 잘못된 표기로 다루고 있지만, '노랭이'의 표기가 우세해지면
　 사전에 표제어로 등재될 가능성이 있다.

지하고 있다. 또한 '밤낮'은 의미뿐만 아니라 품사 범주도 달라진 변화를 보인다. 그러나 아직까지 (87)은 동음이의어로 확대되어 각기 다른 단어로 처리되는 양상을 보이지는 않고 있다. 이는 의미적 연관성이 아직까지는 유지되며, 동음이의어와 다의어의 한계가 명확하게 구별되지 않는다는 것과 관련이 있다. 본고에서는 위의 예 (87)도 현재 의미 체계에서는 다의어로 처리되고 있지만, 의미분화에 의해 본래 의미보다 변화된 의미가 그 우위에 있으므로, 본래의 의미와의 관련을 끊고 다른 의미로 분화된 의미론적으로 어휘화된 예로 다루고자 한다.

(88) 꽂이, 구이, 다듬이, 떨이, 먹이, 미닫이, 볶이, 잡이, 키80)

(88)은 파생명사이다. 이들은 다같이 어기보다는 접미사의 결합이 의미분화의 원인이 되었으므로, 의미론적으로 어휘화한 단어가 된다. (88)은 [어기+ 접사(-이)]의 구조를 갖는 것으로 '-이'는 명사화 접미사이다. 행위를 나타내는 파생접미사가 어기에 결합되면 '꽂이'는 <꽂는 행위>가 되어야 할 것이나 이 파생어의 뜻은 <꼬챙이>를 의미하고, '구이'도 <굽는 행위>가 아닌 <고기를 구운 음식>을 의미하며, '먹이'는 <먹는 행위>가 아닌 <먹는 음식물>을 의미한다.

합성어의 의미분화에 의한 어휘화 현상은 그 구성 성분만으로 의

---

80) '키'는 '크-+ -이'의 결합 형태로 현대국어에서는 <신장>의 의미로 사용되는데, 이는 중세국어의 형용사 어간 '크-'에 명사 파생접미사 '-이'의 결합으로 이루어진 '킈'에서 변화된 것이다.

미를 예측하기 어려운 어휘를 말한다. 애초에는 이들도 한 단어의 본래의 의미에서 확장된 변화 의미로 쓰였을지 모르지만, 시간이 변화하고 사용 빈도가 잦아짐에 따라 본래의 의미와는 관련을 끊고 독립된 하나의 의미로 고정되었다. 따라서 이들은 의미론적으로 불투명한 단어이며, 또 의미론적으로 어휘화되었으므로 하나의 어휘로 취급하여야 할 것이다.

(89) 금세, 당최, 애최, 차마, 이따가, 나마

(89)의 예에서 알 수 있듯이 문법소 결합 형태에서 의미분화가 나타난다. 변화된 의미가 본래의 의미와 멀어져 의미의 분화가 일어난 경우이다. '금세(금시에), 당최(당초에), 애최(애초에), 머시(무엇이)' 등은 준말이 의미의 분화를 겪은 것이다.

부사로 분화된 '금세(今時에)'는 본래의 의미와 달리 '이제 바로, 이제 곧'의 뜻으로 쓰인다. '당최, 애최'는 '당초에, 애초에'의 단순한 준말로 다루고 있으나, 이들도 '당초에, 애초에'에서 별개의 단어로 분화된 것으로 생각된다. 왜냐하면 '당초에, 애초에'는 긍정 표현과 부정 표현 모두에 쓰일 수 있으나 준말 '당최, 애최'는 언제나 부정 표현에만 쓰이기 때문이다.

'차마(참아), 이따가(있다가)'는 활용형 '참아, 있다가'에서 부사로 바뀐 것이다. '머시(무엇이)'는 의미의 분화에 의해 감탄사로 바뀐 것이다. '머시'는 '무엇이'의 준말이 의미의 분화를 겪은 것으로, 말하는 도중에 어떤 말이 얼른 떠오르지 않거나 말하기 곤란할 때 내는 소리로 쓰이며, '세상에'는 뜻밖의 일에 놀라는 단어로 본래의 의미에서 분화되어 전혀 다른 의미로 사용되고 있다.

의미의 분화는 어떤 언어형식의 중심 의미와 이에서 확장된 의미 간에 연관성을 찾을 수 없을 만큼 단절된 것으로, 별개의 단어로 인식되는 의미 현상이다. 즉, 한 단어가 지니는 본래의 의미와 변화된 의미가 의미적 연관성을 상실한 경우로, 본래의 의미와 의미적 연관성이 단절된 의미는 원래의 단어와는 전혀 다른 새로운 의미를 획득하였으므로, 의미론적 어휘화의 범주에 포함될 것이다.

의미의 분화는 파생어나 합성어와 같은 어휘 단위를 비롯하여, 통사적 구성체에서도 찾아 볼 수 있다. 이러한 의미의 분화가 나타나는 언어형식은 복합적인 형태 구조를 가지고 있다 하더라도 그 의미론적 특이성으로 인하여 하나의 단어로 다루어진다.

3.3.3. 의미 전이와 어휘화

일반적으로 문법적인 방식을 이용하여 어휘를 형성할 때 대개 구성 성분의 의미에 의존하게 되므로 그 언어형식은 투명한 의미를 갖는다. 그러나 사전적 의미 대신 비유적 의미를 사용하여 지시 대상의 특성을 부각시켜 그 대상을 표현하기도 한다. 이렇게 이루어진 언어형식은 일정한 문맥 안에서는 의미가 예측될 수도 있으나, 문맥을 벗어나 일반화되면 하나의 단어로 굳어져 구성 성분의 의미로써는 단어의 의미를 예측하는 일이 불가능해진다.

의미 전이에 의한 어휘화는 본래의 의미와는 의미적 연관성이 전혀 없다. 이러한 단어는 구성 성분의 의미에 의해 예측할 수 있는 의미와 사전 의미가 현저하게 다르다. 즉, 구성 성분의 의미결합으로 이루어진 의미는 사용되지 않고 오직 비유에 의한 의미 전이, 적용의 전의에 의한 어휘화가 나타날 뿐이다.

3.3.3.1. 비유에 의한 의미 전이

비유에 의한 의미 전이는 어휘의 의미가 비유를 통해 실현된 것으로, 구성 성분만으로는 의미를 예측할 수 없다. 비유는 어떤 사물이나 현상을 그와 유사한 모양과 성질을 가진 또 다른 사물이나 현상과 빗대어 나타내는 표현 방식이다. 비유를 통해 형성된 의미는 기존의 의미와 성질이나 현상의 부분적 유사성을 전제로 하므로, 생성 당시에는 의미론적으로 연관성이 짙었다 하더라도 각자 독자적인 발달 과정을 겪게 되고, 잦은 사용 빈도에 의해 화자의 의식이 변화하게 되면 기존의 의미론적 연관성은 상실하게 된다.

(90) 대못박이, 자주꼴뚜기, 가새틀음, 왕등발가락, 구렁이알

예 (90)에서 '대못박이'는 대못의 '매우 둔탁하여 물건을 뚫지 못하는' 속성이 의미가 전이되면서 '아주 어리석고 둔하여 가르쳐도 깨닫지 못하는 사람'을 뜻하게 되었다. 또 '자주꼴뚜기'는 색채의 유사성으로 '살빛이 매우 검붉은 사람'을 낮추어 일컫는 말이다. '가새틀음'은 구성 성분이 지닌 행위를 비유하여 '남사당패놀음 가운데, 앉았다 일어났다 하다가 뛰어서 돌아앉는 재주'를 뜻하게 되었다. '왕등발가

락'은 굵은 발가락과 같다는 의미로, '올이 굵고 성긴 피륙'을 일컫는
다. '구렁이알같다'는 구렁이의 영험함에 비유하여 그 알까지 신성시
하는 것을 비유하여 '소중한 밑천을 비유적으로 이르는 말'을 뜻하게
되었다.

(90)의 예들과 같이 비유에 의한 의미 전이로 인해 어휘화 현상이
나타난 어휘의 목록을 제시해 둔다.

- 가르친사위[81] : 창조성이 없이 무엇이든지 남이 가르치는 대로만 하
  는 사람을 낮잡아 이르는 말
- 가새벌임 : 농악에서 여러 사람이 원을 그리며 돌다가 사각형으로
  벌여선 다음 마주 보고 엇갈려 나아가 상대편 자리에 바
  꾸어 선다
- 각불때다 : 각기 따로 살림을 하다
- 개머리판 : 총의 아랫부분
- 개밥바라기 : 금성의 다른 이름
- 개수염개 : 곡정초과의 한해살이 풀
- 개씨바리 : 환한 곳에서는 눈을 뜨기가 힘들 정도로 눈이 부시고 눈에
  핏발이 서며 눈곱이 끼는 눈병을 속되게 이르는 말
- 개좆부리 : 감기를 속되게 이르는 말
- 개차반 : 언행이 몹시 더러운 사람을 속되게 이르는 말
- 개코같다[82] : 하찮고 보잘 것 없다
- 개흘레 : 집의 벽 밖으로 조그맣게 달아 낸 칸살

---

81) 구성 성분은 '가르친 사위'로 句에 해당하나 하나의 단어로 자리잡아 그 형태도 '가
르친사위'로 표기되므로 하나의 단어로 취급한다.
82) '개코'는 사전에 등재되어 있지 않고, '개코같다'는 표제어로 수록되어 '하찮고 보잘
것 없다'의 의미로 사용된다.

· 거미발 : 노리개, 반지, 비녀, 연봉잠 따위의 장신구에 보석이나 진주로 알을 박을 때, 빠지지 않게 물리고 겹쳐 오그리게 된 삐죽삐죽한 부분

· 거란지뼈[83] : 소의 꽁무니뼈

· 거북손 : 갑각류 만각목의 마디발 동물

· 거위영장 : 여위고 키가 크며 목이 긴 사람을 놀림조로 이르는 말

· 거지주머니 : 열매가 여물지 못한 채로 달린 껍데기

· 검덕귀신 : 몸이나 얼굴, 옷 따위가 몹시 더러운 사람을 낮잡아 이르는 말

· 검은손 : 속셈이 음흉한 손길, 행동, 힘 따위를 비유적으로 이르는 말

· 겨이삭 : 볏과의 두해살이 풀

· 곁방석 : 주인 곁에 앉는 자리라는 뜻으로, 세력이 있는 사람의 곁에서 가까이 지내는 사람을 비유적으로 이르는 말

· 곁다리 : 1. 부수적인 것
　　　　　　2. 당사자가 아닌 주변의 사람

· 계명워리[84] : 행실이 바르지 못한 여자를 낮잡아 이르는 말

· 고드름장아찌 : 말이나 행동이 싱거운 사람을 놀림조로 이르는 말

· 고삿고기 : 책임을 혼자 뒤집어쓰고 희생되는 사물이나 사람을 비유적으로 이르는 말

· 고자쫓 : 바둑에서, 찌를 구멍이 있으나 찌르면 되잡히게 되므로, 찌르지 못하는 말밭을 속되게 이르는 말

· 고주망태 : 술에 몹시 취하여 정신을 가누지 못하는 상태, 또는 그런 사람

· 고추박이 : 예전에, 신분이 낮고 천한 여자의 남편을 낮잡아 이르던 말

---

83) '거란지뼈'는 '걸앉이+뼈'로 그 형태가 변화된 예이다.
84) '啓明月+이'의 구성이나 샛별(金星)의 의미와는 전혀 관련이 없다.

· 곤쇠아비동갑 : 나이가 많고 흉측한 사람을 낮잡아 이르는 말
· 곤죽 : 1. 몹시 질어서 질퍽질퍽한 밥, 또는 그런 땅
　　　　 2. 일이 엉망진창이 되어서 갈피를 잡기 어렵게 된 상태
　　　　 3. 몸이 지치거나 주색에 **빠**져서 늘어진 모습을 비유적으로
　　　　　　이르는 말
· 관자놀이85) : 귀와 눈 사이의 맥박이 뛰는 곳
· 괭이눈 : 범의귓과의 여러해살이 풀
· 괭이밥 : 범의밥과의 여러해살이 풀
· 구들더께 : 늙고 병들어서 방 안에만 들어박혀 있는 사람을 놀림조
　　　　　　로 이르는 말
· 구렁이알 : 소중한 밑천을 비유적으로 이르는 말
· 구리귀신 : 지독한 구두쇠를 낮잡아 이르는 말
· 굴러먹다 : (낮잡는 뜻으로) 이리저리 떠돌아다니며 갖은 이력을 다
　　　　　　겪다
· 귀빠지다 : '출생하다'를 속되게 이르는 말
· 글방물림86) : 글방에서 공부만 하다가 갓 사회에 나와 세상 물정에
　　　　　　어두운 사람을 낮잡아 이르는 말
· 기러기발 : 거문고, 가야금, 아쟁 따위의 줄을 고르는 기구
· 기막히다(氣): 1. 어떠한 일이 놀랍거나 언짢아서 어이없다
　　　　　　　 2. 어떻다고 말할 수 없을 만큼 좋거나 정도가 높다
· 까마귀머리 : 남자의 한복 바지나 고의에서, 사폭과 허리를 댄 부분
· 까마귀발 : 때가 덕지덕지 낀 시꺼먼 발을 비유적으로 이르는 말
· 까마귀베개 : 갈매나뭇과의 낙엽 활엽 교목
· 까막바보 : 아무것도 모르는 어리석은 사람을 낮잡아 이르는 말
· 까치걸음 : 1. 두 발을 모아서 뛰는 종종걸음.

85) 상투의 관자가 있는 부위에 맥박이 뛸 때 관자가 움직인다는 데서 나온 말이다.
86) '책상물림, 책상퇴물'과 유의관계를 이루고 있다.

  2. 발뒤꿈치를 들고 살살 걷는 걸음.

  3. 봉산 탈춤에서, 투스텝을 밟듯이 뛰면서 밑을 보며 팔짓 다리짓을 하는 춤사위. 몸을 빨리 이동하거나 등장 퇴장할 때 주로 쓴다.

· 까치눈 : 발가락 밑의 접힌 금에 살이 터지고 갈라진 자리

· 까치발 : 1. 발뒤꿈치를 든 발

    2. 선반이나 탁자 따위의 널빤지를 버티어 받치는 직각 세 모꼴의 나무나 쇠

· 꼭지도둑 : 예전에, 혼인식 때 신랑을 따라가는 어린 계집종을 이르던 말

· 꽁지머리 : 도래나 물레 따위의 손잡이같이 한쪽 끝이 북방망이처럼 생긴 조그마한 나뭇조각

· 꽃다지 : 오이, 가지, 참외, 호박 따위에서 맨 처음에 열린 열매

· 꿩의다리 : 미나리아재빗과의 여러해살이 풀

· 낙지다리 : 돌나물과의 여러해살이 풀

· 남의나이 : 환갑이 지난 뒤의 나이를 이르는 말

· 남의달 : 아이를 밴 부인이 해산달로 꼽아 놓은 달의 다음 달

· 노루귀 : 미나리아재빗과의 여러해살이 풀

· 노루발 : 1. 재봉틀에서, 바늘이 오르내릴 때 바느질감을 눌러 주는 두 갈래로 갈라진 부속

    2. 쟁기의 볏 뒷면 아래쪽에 붙어 있는 삼각형의 구멍이 있는 물건

· 노루종아리 : 1. 소반 다리 아래쪽의 새김이 없는 매끈하고 가는 부분

      2. 문살에서 가로살은 성기고 세로살만 촘촘한 부분

· 누에머리 : 산봉우리의 한쪽이 누에의 머리 모양으로 쑥 솟은 산꼭대기

· 눈엣가시 : 몹시 밉거나 싫어 늘 눈에 거슬리는 사람

· 당나귀뼈 : 아래턱의 좌우로 당나귀 턱처럼 뼈죽하게 내민 뼈

· 대못박이 : 아주 둔하고 어리석어서 몇 번이나 가르쳐도 깨닫지 못
　　　　 하는 사람을 이르는 말

· 덤받이 : 여자가 전 남편에게서 배거나 낳아서 데리고 들어온 자식

· 데림추 : 줏대 없이 남에게 딸려 다니는 사람을 비유적으로 이르는 말

· 도둑놈의갈고리 : 콩과의 여러해살이 풀

· 독장수셈 : 실현 가능성이 없는 허황된 계산을 하거나, 헛수고로 애
　　　　 만 씀을 이르는 말

· 돼지떡 : 무엇인지 모를 물건들이 이것저것 범벅이 되어 지저분함을
　　　　 비유적으로 이르는 말

· 두꺼비집 : 1. 쟁기의 술바닥이 들어가 박히게 된 보습의 빈 속
　　　　　　 2. 일정 크기 이상의 전류가 흐르면 자동적으로 녹아서
　　　　　　　 전류를 차단하는 휴즈가 내장된 안전장치

· 등치다 : 옳지 못한 방법으로 남의 재물을 빼앗다

· 뒷발막 : 남자 가죽신의 하나

· 딴꾼 : 말이나 하는 짓이 도리에 어그러지고 사나운 사람

· 땅꾼 : 뱀을 잡아 파는 사람

· 땅보탬 : 사람이 죽어서 땅에 묻힘을 이르는 말

· 막대잡이 : 1. 소경에게 말할 때에, 그의 '오른쪽'을 이르는 말
　　　　　　 2. '길라잡이'를 다소 속되게 이르는 말

· 며느리밑씻개 : 여뀟과의 덩굴성 한해살이 풀

· 며느리발톱 : 새끼발톱 뒤에 덧달린 작은 발톱

· 며느리배꼽 : 여뀟과의 덩굴성 한해살이 풀

· 명정거리(銘旌) : 변변치 못한 사람이 본분에 지나치게 행동함을 놀
　　　　　　 림조로 이르는 말

· 목놀림 : 어린아이의 목을 축일만한 정도로 젖을 적게 먹임. 또는
　　　　 그 정도로 나는 젖의 분량.

· 물렁팥죽 : 1. 마음이 무르고 약한 사람을 비유적으로 이르는 말
　　　　　　 2. 물러서 뭉그러진 물건을 비유적으로 이르는 말

· 물여우 : 날도랫과 곤충의 애벌레
· 몸엣것[87] : 월경으로 나오는 피 또는 월경을 낮추어 부르는 말
· 바람칼 : 새가 하늘을 날 때 날개가 바람을 가르는 듯하다는 뜻으로,
　　　　　 새의 날개를 이르는 말
· 밤손님 : '밤도둑'을 비유적으로 이르는 말
· 뱀밥 : 쇠뜨기 홀씨의 줄기
· 방망이꾼 : 남의 일에 끼어들어 방해하는 사람
· 범의귀 : 범의귓과의 상록 여러해살이 풀
· 보름보기 : '애꾸눈이'를 놀림조로 이르는 말
· 부처손 : 부처손과의 여러해살이 풀
· 부채잡이 : 소경에게 말할 때에 '왼쪽'을 이르는 말. 소경이 오른손
　　　　　　 에는 막대를 쥐고 왼손에는 부채를 쥐고 있는 데서 유
　　　　　　 래한다.
· 불땔꾼 : 심사가 바르지 못하여 하는 짓이 험상하고 남의 일에 방해
　　　　　 만 놓는 사람을 낮잡아 이르는 말
· 빚두루마기 : 빚에 얽매여 헤어날 수가 없게 된 사람
· 사그랑주머니 : 다 삭은 주머니라는 뜻으로, 겉모양만 남고 속은 다
　　　　　　　　 삭은 물건을 이르는 말
· 사자어금니 : 힘들여 하는 일에 없어서는 안 될 사람이나 물건을 비
　　　　　　　 유적으로 이르는 말
· 사탕발림 : 달콤한 말로 남의 비위를 맞추어 살살 달래는 일 또는
　　　　　　 그런 말
· 산돌림 : 1. 산기슭으로 내리는 소나기.
　　　　　 2. 여기저기 옮겨 다니면서 한 줄기씩 내리는 소나기
· 산적(散炙)도둑 : 1. 맛있는 음식만 골라서 먹는 사람을 놀림조로
　　　　　　　　　 이르는 말

---

87) 준말 '몸'으로도 쓰인다.

　　　　　2. 친정에 와서 좋은 것만 골라 간다 하여 시집간
　　　　　딸을 비유적으로 이르는 말

· 삿갓들이 : 논에 듬성듬성 심은 모
· 서울까투리 : 수줍음이 없고 숫기가 많은 사람을 비유적으로 이르
　　　　　　　는 말
· 소매치기 : 남의 몸이나 가방을 슬쩍 뒤져 금품을 훔치는 짓.
　　　　　　또는 그런 사람
· 손씻이 : 남의 수고에 보답하는 마음으로 적은 물건을 주는 일.
　　　　　또는 그 물건.
· 송진감투 : 성질이 몹시 치근치근한 사람을 속되게 이르는 말
· 쇠발개발88) : 아주 더러운 발을 비유적으로 이르는 말
· 술도깨비 : '주정꾼'을 속되게 이르는 말
· 시러베자식89) : 실없는 사람을 낮잡아 이르는 말
· 아갈바위 : 앞니가 뻗은 사람을 놀림조로 이르는 말
· 얻은잠방이 : 남에게 얻은 것으로 그다지 신통하지 아니한 물건을
　　　　　　　이르는 말
· 엎어삶다 : 1. 그럴듯한 말로 남을 속이어 자기의 뜻대로 되게 하다
　　　　　　2. 노름판에서 그 판에 이겨 차지할 돈이나 물건 따위를
　　　　　　　전부 그대로 태워 놓고, 다음 승부를 다투기로 하다.
· 오리발 : 1. 물갈퀴
　　　　　2. '손가락이나 발가락 사이가 맞붙은 손발'을 이르는 말
　　　　　3. '엉뚱하게 부리는 딴전'을 비유하여 이르는 말
· 왕등발가락 : 굵은 발가락이라는 뜻으로, 올이 굵고 성긴 피륙을 이
　　　　　　　르는 말

---

88) '괴발개발-글씨를 되는대로 아무렇게나 써 놓은 모양을 이르는 말'과 같은 맥락의
　　단어이다.
89) 실(實)+없-+-의+자식

- 왜오랑캐 : 제비꽃과의 여러해살이 풀
- 요강도둑 : 바지의 솜이 아래쪽으로 처져서 통통하게 보이는 사람을 놀림조로 이르는 말
- 자라눈 : 젖먹이의 엉덩이 양쪽으로 오목하게 들어간 자리
- 자리보전 : 병이 들어서 자리를 깔고 몸져누움
- 자린고비 : 다라울 정도로 인색한 사람
- 자주골뚜기 : 살빛이 검붉은 사람을 놀림조로 이르는 말
- 장기튀김 : 한 군데에서 생긴 일이 차차 다른 데로 옮겨 미침을 이르는 말
- 제비초리 : 뒤통수나 앞이마의 한가운데에 골을 따라 아래로 뾰족하게 내민 머리털
- 좁쌀여우 : 성격이 좀스럽고 요변을 잘 부리는 아이를 비유적으로 이르는 말
- 주름잡다 : 1. 모든 일을 자기가 하고 싶은 대로 주동이 되어 처리하다.
  2. 시간이나 공간의 길이를 앞당기거나 짧게 하다.
- 쥐며느리 : 쥐며느릿과의 절지 동물
- 쥐방울 : 쥐방울덩굴과의 여러해살이 덩굴 풀
- 쥐뿔 : 아주 보잘 것 없거나 규모가 작은 것을 비유적으로 이르는 말
- 쥐젖 : 사람의 살가죽에 생기는, 젖꼭지 모양의 갸름하고 작은 사마귀
- 쥐코조리 : 마음이 좁아 옹졸한 사람을 놀림조로 이르는 말
- 짚신할아비 : '견우성'을 속되게 이르는 말
- 초병마개 : 몹시 시큰둥한 체하는 사람을 비유적으로 이르는 말
- 칼나물 : 절에서 '생선'을 이르는 말
- 턱없다 : 1. 이치에 닿지 아니하거나, 그럴 만한 근거가 전혀 없다.
  2. 수준이나 분수에 맞지 아니하다.
- 탯덩이 : 아주 못생긴 사람을 낮잡아 이르는 말
- 호미씻이 : 농가에서 농사일, 특히 논매기의 만물을 끝낸 음력 7월쯤

에 날을 받아 하루를 즐겨 노는 일
· 혼나다(魂) : 매우 놀라거나 힘들거나 시련을 당하거나 하여서, 정신
　　　　이 빠질 지경에 이르다.
· 홀아비좆 : 쟁기의 한마루의 위 명에 줄이 닿는 곳에, 가로로 꿰어
　　　　아래덧방을 누르는 작은 나무

　이와 같은 비유에 의한 의미 전이가 나타난 예들은 현재 사전에 등재된 실제어로서, 그 사전적 의미도 구성적 의미가 나타나는 것이 아니라, 오로지 비유적 의미로만 사용되는 어휘이다. 이렇듯 비유로 인해 의미 전이가 발생하여, 그 구성 성분의 의미만으로 어휘의 의미를 예측하기 힘들다. 이러한 어휘는 의미론적으로 불투명하다고 할 수 있다. 특히 구성 요소의 의미로는 사용되지 않고, 비유에 의한 의미 전이 현상이 나타나는 어휘는 의미론적으로 어휘화한 단어로 처리되고, 어휘부에 등재될 때에도 하나의 단어로 취급될 것이다.

3.3.3.2. 적용의 전의에 의한 어휘화

　본래의 의미와 의미적 연관성을 상실하여 의미의 전이가 나타나는 단어는 구성 성분의 의미에 의해 예측할 수 있는 의미와 실제 의미가 매우 다르다. 다의어나 동음이의어와는 달리 본래의 구성요소의 의미는 전혀 나타나지 않는다.

· 갈붙이다 : 헐뜯어 이간을 붙이다.
· 거슬러태우기 : 증권 거래에서, 인기가 없을 때 사들이고 인기가 좋
　　　　을 때 파는 일

· 곱새기다 : 남의 말이나 행동 따위를 그 본뜻과는 달리 좋지 않게
　　　　　　 해석하거나 잘못 생각하다.

· 구워삶다 : 수단과 방법을 써서 자기의 생각대로 상대편을 움직이게
　　　　　　 만들다.

· 굴러먹다 : 이리저리 떠돌아다니며, 갖은 이력을 다 겪다.

· 내림 : 부모나 조상으로부터 내려오는 유전적인 특성

· 넘늘다 : 점잖은 척하면서 제멋대로 놀아나다.

· 돈바르다 : 성미가 너그럽지 못하고 까다롭다.

· 둘되다 : 상냥하지 못하고 미련하고 무디게 생기다.

· 뒤뽑치다 : 남의 밑에서 그 뒤를 거들어 도와주다.

· 뒷북치다 : 뒤늦게 쓸데없이 수선을 떨다.

· 뜯어먹다 : 남의 재물 따위를 졸라서 얻거나 억지로 빼앗아 가지다.

· 말아먹다 : 재물 따위를 송두리째 날려 버리다.

· 먼지떨음 : 1. 겨우 옷의 먼지만 떨 뿐이라는 뜻으로, 어린아이에게
　　　　　　　 엄포하기 위해 아프지 않을 정도로 때리는 일을 비유
　　　　　　　 적으로 이르는 말

　　　　　　 2. 걸어 두었던 옷의 먼지를 떤다는 뜻으로, 오래간만에
　　　　　　　 나들이하는 일을 비유적으로 이르는 말

　　　　　　 3. 노름이나 내기 따위를 할 때 연습 삼아 한번 겨루어
　　　　　　　 봄을 비유적으로 이르는 말

· 무녀리 : 1. 한 태에 낳은 여러 마리 새끼 가운데, 가장 먼저 나온
　　　　　　 새끼

　　　　　 2. 말이나 행동이 좀 모자란 듯이 보이는 사람을 비유적으
　　　　　　 로 이르는 말

· 바꾸어타기 : 증권 거래에서 소유하고 있는 종목을 처분하고 유망주
　　　　　　　 (有望株)라고 생각되는 다른 종목을 매입하거나, 신용
　　　　　　　 거래에서 기한이 다 된 건옥(建玉)을 끊음과 동시에

그와 동일한 건옥을 다시 세우는 일.

· 발라먹다 : 남을 꾀거나 속여서 물건을 빼앗아 가지다.
· 산드러지다 : 태도가 맵시 있고 말쑥하다.
· 산적꽂이 : 상량 위에 얹힐 서까래 머리에 구멍을 뚫어 서까래가 흘
                러내리지 아니하도록 잇달아 꿴 싸리나 대
· 손티 : 약간 곱게 얽은 얼굴의 마맛자국
· 잘라먹다 : 남에게 갚거나 돌려주어야 할 것을, 그렇게 하지 아니하
                고 자기 것으로 하다.
· 첫고등 : 맨 처음의 기회
· 큰코다치다 : 크게 봉변을 당하거나 무안을 당하다.
· 타내다 : 1. 남의 잘못이나 결함을 드러내어 탓하다.
                2. 남에게서 꾸중을 듣거나 모욕 또는 아니꼬운 일을 당할
                때 언짢고 창피하게 생각하여 마음을 쓰다.
· 키춤 : '발돋움'의 북한말
· 파잡다 : 결점을 들추어내다.

위의 예는 구성 성분의 의미로서 구성체의 의미를 예측할 수 없을
정도로 의미 전이가 나타나는 어휘이다. 반면에 위의 어휘는 형태론
적 측면에시는 공시직으로 생산적이고 홀로 독립하여 쓰일 수 있으
므로 형태소 분석이 가능하다. 그러나 구성 성분이 자립적인 어기라
하더라도, 의미적으로는 구성 요소의 의미간에 융합을 거쳐 고정화되
었다면, 의미 전이에 의한 어휘화 현상이 나타나는 것이다. 따라서 구
성 요소 결합에 의해 의미적인 연관성을 상실한 어휘는 본래의 의미
가 아닌, 전이된 의미만을 나타내므로 하나의 독립된 어휘로 보아 어
휘부에 등재해야 할 것이다.

의미 전이에 의한 어휘화는 본래의 의미와는 의미적 연관성이 없다. 이러한 단어는 구성 성분의 의미에 의해 예측할 수 있는 의미와 사전 의미가 현저하게 다르다. 즉, 구성 성분의 의미결합으로 이루어진 의미는 사용되지 않고 오직 비유에 의한 의미 전이, 연관성 상실로 인해 전이된 의미만이 나타날 뿐이다.

구성요소의 의미적 결합에서 나타나는 연관성의 정도를 의미의 확대, 분화, 전이의 단계로 설정하여 의미론적 어휘화에 대한 분석이 필요하다. 이는 의미 변화가 나타나는 구성 성분으로 구성체의 의미를 예측하는 일이 불가능해지는 예가 많기 때문이다. 의미의 분화나 전이에 의해 그 구성 요소의 의미를 상실하게 되면, 형태상의 투명성은 보장된다 하더라도 언어형식이 가진 의미론적 특이성으로 말미암아 규칙성을 인식하기 어려워진다. 이러한 의미 변화에 의한 어휘화 역시 어휘부에 등재된 하나의 단어임을 제시하였다.

3.4. 단음절어와 어휘화

언어는 의미영역의 확대와 이에 따른 어휘 분화 과정을 거치면서 변화된다. 단음절어에서도 형태와 의미의 상호 작용으로 인하여 의미 체계의 변화가 나타난다. 그러므로 단음절어 어휘체계에 나타나는 의미 관계를 분석하는 작업을 통하여, 단음절어 체계의 변천상을 살펴볼 수 있다.

단음절어 체계에 나타나는 의미 관계는 단음절어 대부분이 하나의 독립적인 의미 영역을 차지하는 단어가 주종을 이루므로, 다양한 의미관계는 나타나지 않는다. 즉 동음 관계, 다의관계는 다른 어휘체계보다 복잡한 양상을 띠는 반면, 反意 관계나 유의 관계는 거의 찾아볼 수 없다. 이는 단음절어가 가지는 특성상 생성될 당시부터 단음절어는 독자적인 의미영역을 확보하고 있으므로, 추상어보다는 구상어가 많은 이유로 해석될 수 있다. 이러한 연유로 단음절어는 동음이의관계와 의미분화에서 비롯된 다의관계에서 복잡한 양상을 드러내고 있다.

3.4.1. 단음절어와 동음이의 현상

동음이의어는 발음이 같은 둘 이상의 단어나 발음뿐 아니라, 철자까지도 같은 환경을 모두 포함하는 것으로, 단어간에 의미의 상관관계 없이 전혀 다른 두 단어가 우연히 발음과 철자가 같아진 경우를 말한다.

단음절어 체계에는 동음이의어가 많이 나타난다. 이는 '한 형태, 한 개념'의 원칙에는 위배되는 것으로, 의미장 확내의 결과로 섬차 단음절어는 다개념의 동음이의어가 존재하게 되었으리라 생각된다.[90] 또한 이러한 현상은 국어의 초기 형태인 단음절어에서 다음절어로 전

---

90) 김병균(1989). 국어 동음이의어 연구. 원광대 박사학위 논문. p.19.
　　언어 내적 요인 - 언어의 자의성에 의한 자생적 요인, 노력 경제의 심리적 요인,
　　　　　　　　　 언어의 필요성에 의한 사회적 요인, 유연성 상실, 개념 혼동 등
　　　　　　　　　 의 의미적 요인.
　　언어 외적 요인 - 음운 변화(省略, 添加, 同化, 聲調), 형태의 변화(派生, 複合, 音
　　　　　　　　　 節, 縮約) 등 형태적 요인.

이되는 중간 단계를 설명할 수 있다. 사회가 발전하고 개인 사고의 다양화로 인하여 의미 영역의 확대를 필요로 하게 되었고, 이에 따라 단음절어에서 동음이의어가 발달하게 되었으며, 또한 도음충돌회피의 욕구로 어휘 분화가 진행되어 다음절어로 화대되어 간 것이다. 언어의 음운 구조가 아무리 복잡하다 할지라도, 늘어나는 의미 영역을 충족시킬 수는 없다. 단음절어만으로는 복잡해져 가는 의미체계를 표현하는데는 한계가 있기 때문에 단음절어에는 동음이의어가 많이 나타나는 것이다. 국어에 나타나는 동음이의 현상을 통계처리한 자료를 인용해 본다.[91]

중세 고유어의 동음어 실태

음절＼품사	명사	동사	형용사	부사	기타	소계(%)
1음절	235	–	–	1	5	241(26.5)
2음절	181	162	8	11	3	365(40.2)
3음절	9	139	11	2	–	161(17.7)
4음절	–	9	3	–	–	12(1.3)
계(%)	426(46.8)	310(34.1)	22(2.4)	14(2.1)	8(0,7)	779

---

91) 김병균. 전게서. p.13.

현대 고유어 동음어의 음절별 동음어 쌍별 실태

음절＼어휘	2語	3語	4語	5語	6語	7語	8語	9語	10語	11語	계(%)	총어휘
1음절	121	53	28	25	7	4	1	1	1		241	735
2음절	469	126	47	13	10	3				2	670	1684
3음절	283	49	13	2	2	1					350	794
4음절	108	6									114	234
5음절	27	1									28	57
6음절	5										5	10
계	1013	235	88	40	19	8	1	1	1	2	1,408	3513
(%)	72	16.7	11.3								100	

　동음이의어의 음절 전체를 비교할 때 현대어에서는 2음절어가 가장 많고 3음절어, 단음절어 순으로 나타난다. 하지만, 국어 어휘체계는 85%가 명사이므로, 중세어에서 명사를 대상으로 삼을 경우에는 단음절어가 절대적으로 많다. 이는 단음절어 어휘체계 전반에 걸쳐 동음이의 현상이 현저하게 나타나고 있음을 보여주는 자료이다. 단음절어 총 500어 정도를 선정할 경우 이 중 241어에 동음이의 현상이 나타난다는 사실은 단음절어의 의미 한계로 인한 자연스런 현상임을 보여 준다. 단음절어의 의미 한계로 인한 동음이의 현상은 다시 동음이의어의 무리한 양산 결과를 초래하게 되었고, 이로 인하여 다음절어로 확대되어 갔음은 자명한 사실이다.

　단음절어의 동음충돌 해소 원리는 다음절어에서 나타나는 동음충돌 해소의 원리와 차이가 없다. 일반적인 동음충돌 해소의 원리는 언어의 노력 경제, 표현력의 강화, 구상어와 추상어, 다의분화, 유의어의 인접, 어휘의 구조상 안정성, 조어력의 어휘 생산성, 완곡표현과 공경의식, 사용빈도수, 다수 쌍의 동음충돌, 한자어와 고유어의 동음충돌, 특정 품사의 보수성과 가변성, 연음과 시차성[92] 등이 이미 지적된 바 있다. 그러나 단음절어의 동음충돌의 해소 과정에서는 다음절어와의 차이가 나타난다. 단음절어의 동음충돌 해소 과정을 살펴보면 다음과 같다.

첫 단계로 음절내의 자체적인 변화를 들 수 있다. 음절내의 변화는 동음충돌 현상의 해소를 위해 이루어지는 어형 변화의 과정에서 가장 기본적으로 나타난다. 도음충돌 해소의 노력을 최소화하고 원형에 가까운 형태로 변화하는 과정으로써 동음충돌을 방지한다.

(91) 살(肌) > 살　　삭(價) > 삯　　발(丈) > 발
　　 뿔(米) > 쌀　　삭(苗) > 싹　　발(臂) > 팔
(92) 옷(衣) > 옷　　입(口) > 입　　집(家) > 집
　　 옷(漆) > 옻　　닙(葉) > 잎　　집(藁) > 짚
(93) 춤(舞) > 춤　　즛(容) > 짓
　　 춤(唾) > 침　　즛(滓) > (즛긔>찌꺼기)
(94) 쩨(頓) > 끼　　볕(陽) > 볕
　　 쩨(時) > 때　　볕(鏵) > 삽

(91)의 예는 음운상의 표현 강화로 경음화·격음화를 포함하는 이른바 강음화 현상이다. 음운 강세로 청각인상을 뚜렷이 하여 동음충돌 현상을 해소한다.

---

92) 김병균. 전게서. p.96.

(92)의 예는 동음이의어에 이형 동음이의어로 발전되는 한 과정으로, 형태의 시차성으로 동음충돌 현상을 해소하려는 예이다. 단음절어의 관점에서는 동음이의어의 범주에 속하나, 연음과 시차성의 관점에서는 동음충돌 현상을 해소하려는 한 방편으로 사용되었다.

(93)의 예는 모음 교체를 통하여 동음이의어간의 간극도의 차이에 의하여 그 음성상의 변별을 도모하는 경우이다. 전설모음 'ㅣ'와 후설모음 'ㅜ'의 변별성을 이용하여 원형에 가까우면서도 발음과 청각인상에 있어서는 뚜렷이 구별되는 원리를 이용하여 동음충돌을 해소하였다.

(94)의 예는 단음절 동음이의어에서 충돌 해소책으로 원형을 보존하지 않고 전혀 다른 형태의 단음절어로 변천된 경우이다. 단음절어 동음이의 해소책이 일차적으로 원형을 보존하는 점을 볼 때 전혀 다른 형태로 변천된 동음이의어는 주로 3語 이상의 동음이의쌍을 가진 동음이의어는 음운 환경 변화로 인한 해소에 한계가 있으므로, 전혀 다른 형태의 단음절어로 변천되었다.

단음절 동음이의어의 동음충돌 해소책으로 음운 환경 변화가 일차적으로 사용되었다면, 다음 단계는 음운의 첨가와 탈락이다. 음운의 첨가와 탈락의 과정에서 동음 충돌을 해소하는 단계는 다음의 (95)와 같이 많이 나타나지 않는다.

(95) 물(宗) > 마루 수(林) > 숲
   실(甑) > 시루 엿(狐) > 여우
   물(馬) > 말   수(雄) > 수
   실(絲) > 실   엿(糖) > 엿

단음절어가 원래 형태면에서 불안정감을 내포하고 있으므로, 음운의 첨가에서는 몇 예가 나타나지만, 음운 탈락에 의한 동음충돌은 나타나지 않는다. 이 단계는 단음절어의 형태적 불안정성에 의하여 단음절 내에서의 탈락으로 인한 해소는 나타나지 않고, 첨가에 의한 해소는 적은 예가 나타난다.

동음충돌 해소의 셋째 단계는 음절 첨가로 인한 어휘화를 들 수 있다. 단음절어가 가지는 형태상의 제약으로 인하여 총 735語에 달하는 많은 동음이의어를 해소할 수 없다. 이는 어휘 구조상의 안정성 도모와 의미의 구체화에 맞물려 다음의 (96)과 같이 음절 확장으로 이루어지고 있다.

(96) 뗴(筏) > 뗏목   별(崖) > 벼랑   모(隅) > 모퉁이
    뗴(群) > 떼   별(星) > 별   모(秧) > 모
    골(州) > 고을   굴(堗) > 굴뚝   돌(溝) > 도랑
    골(檟) > 고리   굴(突) > 구들   돌(石) > 돌
    골(谷) > 골   굴(蠣) > 굴

위의 예는 접사가 붙어 파생어가 형성된 경우, 성질을 나타내는 단어나 대상물의 장소와 위치를 나타내는 인접어를 합성하여 의미를 명확히 한 경우 등을 들 수 있다. 이는 단음절이라는 형태상의 제약으로 인하여 나타나는 결과로써, 단음절 내에서 음운 변화 해소책의 한계로 인하여 음절 첨가를 통해 동음 충돌을 해소한다.

단음절어 동음 충돌 해소의 마지막 단계는 전혀 다른 형태의 단어

로 대체시킴으로써 동음이의어를 구분하는 것이다. 단음절 동음이의
어는 유의어의 인접과 사용빈도의 증가로 인하여 동음이의어의 사멸,
완곡표현, 공경의식으로 인한 대체어의 등장 등으로, 다음의 (97)과
같이 도음충돌 현상을 해소하고 있다.

> (97) 납(猿) > 원숭이   되(胡) > 오랑캐
>   믿(肛) > 항문   귀(官) > 관청
>   납(鉛) > 납   되(升) > 되
>   믿(下) > 밑   귀(耳) > 귀

단음절어에 나타나는 동음충돌 해소 과정은 음절 내의 변천, 음운
의 첨가와 탈락, 음절 확장, 유의어와 대체어의 순으로 나타남을 알
수 있다. 단음절어의 동음이의 현상은 주로 음절 확장, 유의어와 대체
어의 방법으로 동음충돌 현상이 해소되고 있다. 이는 단음절이라는
형태상의 제약으로 인하여 나타나는 결과이다. 청각인상과 어형의 안
정성을 추구하려는 단음절화 경향이 동음충돌 해소책으로 반영되고
있다.

단음절어의 동음이의 형상은 그 수적으로 볼 때 대부분의 단음절
어에서 동음이의어가 나타난다. 의미와 형태간의 한계로 인하여 나타
나는 동음이의 현상이 단음절어에서 특히 많이 나타나는 이유는, 위
에서도 언급하였듯이 일차적인 명명법에 의한 의미 영역의 확대에
따른 필연적인 결과였음이 분명하다.

3.4.2. 단음절어와 다의현상

다의현상은 하나의 단어에 둘 이상의 다른 의미가 대응하는 복합적인 관계이다. 다의현상은 의미의 유연성 유무로 인하여 나타나므로, 이 한계에 따라 다의관계는 다르게 나타날 수 있다. 다의관계의 설정은 한 단어 내부의 의미관계에 焦點이 있으므로, 의미의 기술을 최대한 객관적으로 하여 그들의 공통된 의미자질을 명확히 밝히는 작업이 선행되어야 한다.

이러한 다의관계는 언어의 경제성에서 비롯된다. 사회가 복잡해지고 언중들의 사고와 감정이 다양해질수록 새로운 의미영역을 표현하기 위하여 새로운 단어가 요청된다. 그러나 새로운 단어를 무리하게 양산해 낼 수 없으므로, 기존의 단어에 유연성 있는 새로운 의미를 적용시켜 사용하게 되어 자연히 다의어가 발생하게 된다.

단음절어 체계에서 나타나는 다의현상은 동음이의 관계만큼이나 복잡한 양상을 보이고 있다. 문헌상으로 중세국어에서부터 그 의미영역이 확대되어 나타난다. 물론 의미가 축소되는 어례도 나타나는데, 의미 변화의 일반적인 양상은 의미확대로 전개된다. 그러나 의미 변화없이 원의미 그대로를 유지하고 있는 단음절어도 많이 나타난다. 이러한 점은 다음절어와 구별되는 단음절어의 특징으로, 의미변화의 흐름에 영향을 받지 않는 구체적인 의미를 지니고 있기 때문이다.

3.4.2.1. 의미의 축소

의미 영역의 다양화로 인한 의미변화는 확대되는 경향을 띠는 것이 일반적이지만, 통시적으로 그 의미가 축소된 語例가 나타난다, 이러한 예는 문헌을 통해 살펴보면 분명히 그 의미 영역이 축소된 것이다. 단음절어에 나타나는 의미 축소의 예는 다음과 같다.

가(邊) 中- 1) 가장자리 2) 변방 3) 지역 4) 정도 5) 밭이랑
　　現- 1) 가장자리
날(日) 中- 1) 태양 2) 날짜 3) 밤낮 4) 날씨
　　現- 1) 날짜
님(主) 中- 1) 임금 2) 임 3) -님
　　現- 1) 임　　2) -님
맛(味) 中- 1) 미각 2) 음식 3) 재미 4) 의미
　　現- 1) 미각 2) 재미
암(雌) 中- 1) 암컷 2) 여자
　　現- 1) 암컷

3.4.2.2. 의미의 확대[93]

단음절어의 다의화는 후대로 갈수록 모든 어휘로 확대되는 경향을 보이므로 그 語例가 너무 많아 다 열거할 수 없을 정도이다. 대부분의 어휘가 의미확대의 경향을 띠므로, 모두 열거한다는 것은 불가능하다. 여기에 맞추어 단음절어의 의미확대에 의한 다의현상도 설명될 수 있으리라 믿는다.

---

93) 이미 3.3.1.'의미 화대와 어휘화'에서 밝힌 바 있지만, 본 항에서는 단음절어에 한정된 의미확대만을 대상으로 한다.

때(垢) 中- 1) 때 2) 마음의 때

현- 3) 汚名

값(價) 中- 1) 가격 2) 공전 3) 代價

현- 4) 數値

빛(光) 中- 1) 빛 2) 색 3) 경치

현- 4) 구원

밑(下) 中- 1) 아래 2) 근본

현- 4) 항문, 음부

3.4.2.3. 의미의 유지

의미변화는 국어 의미 체계에 나타나는 일반적인 경향에 따라 나타난다. 이에 반하여 의미의 무쌍화, 즉 의미가 유지되는 어휘도 상당수에 이른다. 그러나 의미 유지의 기준을 정하는 것은 주관적일 수밖에 없다. 이 項에서는 통시적으로 사전적 어휘 의미에 기반을 두고 의미 변화가 없는 단음절어를 살펴보고자 한다.

어휘의 사용 빈도는 의미변화의 주된 요인이다. 따라서 사용 빈도가 높은 어휘는 그만큼 의미변화 과정[94]에 의하여 의미가 변화될 확률이 높은 것이다. 단음절어는 국어 어휘체계에서 사용 빈도가 높다. 그러나 보편적으로 사용되는 단음절어와는 반대로 한정적인 개념으로만 사용되는 저빈도 단음절어 '놉(人夫), 목(鑛), 야(重)' 등도 다수 있다. 이러한 단음절어는 의미변화가 나타나지 않는다. 이는 의미변화의 과정 즉, 연상 작용에 의한 제유(提喩)·환유(換喩)·은유(隱喩)

---

94) 의미변화 과정은 천시권·김종택(1981)에서 제유, 환유, 은유, 방사와 연쇄, 또는 치환, 단축, 전이, 유추, 교체, 명명 등으로 의미변화가 이루어진다고 하였다.

과정이 나타나지 않는 단음절어이다. 이러한 단음절어에는 수량어 '둘, 넷, 되, 장' 등을 들 수 있고, 구체적 사물을 지칭하는 물질명사 '갓(茶), 김(苔), 삼(船), 옻(漆)' 등이 있다. 물론 이러한 의미 무쌍화어 (無雙化語)는 공시적인 연상 작용(곰-미련한 사람)에 의해 의미가 확대되는 경향으로 나타나기도 하지만, 아직까지 의미변화가 나타나지 않는 경우이다.

단음절어에 나타나는 다의현상은 단음절이라는 형태상의 제약으로 인하여, 다음절어에 비해 복잡한 양상을 보이고 있다. 단음절어만으로 모든 의미 영역을 표현할 수 없다는 사실은 자명한 일이며, 이러한 연유로 인하여 국어어휘 체계는 변천을 도모하였던 것이다. 이러한 과정에서 단음절어의 다의화는 의미영역의 확대현상에서 나타나는 초기 과정이라 할 수 있다. 물론 다의어의 생성 원인은 의미변화 요인과 밀접한 관계가 있지만, 단음절어만으로는 의미영역의 한계를 느끼게 되어, 단음절어의 다의화를 거쳐 다음절어로 변천된 것이다.

3.4.3. 단음절어와 기초어휘

언어 내부에서 다양한 어휘 증대의 필요성으로 인하여 多音節化 과정 이전의 형태는 단음절어임을 추론하였다. 모든 사물의 일차적 명명법은 외마디 소리를 중심으로 하는 단음절어라는 것을 말해 준다. 이를 바꾸어 말하면, 국어의 기초어휘 설정은 단음절어를 중심으로 선정하지 않을 수 없다는 것이다.

기초어휘는 고대 한국어로부터 오늘날까지 소멸되지 않고 지속되어 내려온 고유어로서, 형태적으로는 단일어이어야 한다. 의미면에서는 시대에 따른 사회 변화 및 문화적인 환경 변화의 영향을 받지 않고 우리 민족의 사고나 생활에 보편적이고 필수적인 의미를 지닌 단어의 집합체인 것이다. 이러한 개념의 기초어휘와 단음절어와의 관계를 살펴, 한국어에서의 단음절어의 위치를 확인하고자 한다.

김종학(1995)에서 단음절 기초어휘는 94語로 조사되었다. 이는 전체 단음절어가 502語임을 감안할 때, 단음절어가 기초어휘에 높은 비중을 차지하고 있음을 알 수 있다. 여기서 선정한 기초어휘의 품사별 분류에서는 명사 145어, 동사 150어, 형용사 54어 총 349어로 조사되었다. 이중 단음절어에 해당하는 명사 항목만을 보면 145어 중 94어가 단음절어로 나타난다. 기초어휘에 나타나는 단음절어를 의미 유형별로 분류하면 다음과 같다.

身體(32어)	갗 귀 낯 눈 목 뺨 뼈 뿔	(26어)
地理(20어)	길 내 돌 땅 물 뭍 벌 섬	(15어)
衣食住(12어)	국 떡 밥 술 실 옷 집	(10어)
空間(13어)	가 곁 곳 뒤 밑 안 앞 터	(11어)
動植物(12어)	꽃 새 수 씨 알 암 풀	(7어)
時間(8어)	날 낮 때 밤	(5어)
數量(10어)	둘 셋 넷 열	(4어)
天文(10어)	눈 달 별 비 빛 해	(6어)
親族(10어)	딸 맏	(2어)
其他(10어)	겹 꼴 내 뜻 말 맛 일 쪽	(8어)

계 94어

위에서 제시한 단음절 기초어휘 외에도 '앗(아우), 누(누리), 골(고을), 샀(사이)' 등 중세국어 단음절어도 포함시키고, 고대국어 이전까지 소급하여 재구(再構)[95]하면 94어보다 훨씬 많은 단음절어 기초어휘가 있다는 것을 알 수 있다. 또한 어형의 축소로 인한 단음절어가[96] 중세국어에서 현대국어에 이르는 과정에서, 이 중 단음절 기초어휘가 그 대부분을 차지하고 있는 점을 볼 때, 단음절어는 언어변화에 민감하게 반응하지 않고 어형이 이른 시기부터 고정되어 지금의 단음절어 체계를 이루고 있음을 알 수 있다.

이러한 점에서 단음절어와 기초어휘간의 상관관계를 살펴볼 수 있다. 어떤 사물과 현상에 대하여 명칭을 부여함에 있어서, 보다 쉽게 발음하고 보다 쉽게 기억할 수 있는 단음절어의 형태로 이루어진 기초어휘가 우세하게 나타나고 있으며, 그 형태가 현재까지 지속된다는 사실은 국어의 일차적인 명명법은 단음절 형태에서 비롯되었다고 할 수 있다.

---

95) 기초어휘의 신체 항목에서 다음절어로는 '머리, 허리, 다리'가 나타난다. 김종택(1992)에서는 이를 '*몯, *혿, *닫'으로, 서정범(1989)에서는 '*말, *헐, *달'로 이병선(1984)에서는 '*마디'로 재구하였다.

96) 졸고(1997-20) '어형의 축소로 인한 단음절어' 참조.

4. 결론

　이 연구는 국어어휘 체계 전반에 나타나는 어휘화 현상에 대하여 그 양상과 요인, 어휘체계상의 지위와 처리방안에 대하여 고찰한 것이다. 이는 어휘화 현상에 나타나는 어휘를 대상으로 음운, 형태, 의미론적 측면에서 특이성이 발견되는 것을 선별하여 공시적, 통시적 관점에서 그 양상을 제시하고, 그 연원을 분석하여 국어어휘 체계를 보다 투명하게 하려는 노력이다.

　어휘화의 본질을 생산성의 정도, 어휘화의 개념, 어휘화 연구의 의의로 나누어 정리를 시도하였다. 생산성의 정도와 기준으로는 어휘형성 규칙과 생산된 어휘수를 상대적으로 고려해야 하며, 공시적·통시적인 관점에서 어휘화의 시간적인 기준을 고려해야 할 것이다. 또한 파생어뿐 아니라, 모든 어휘를 대상으로 하는 어구성의 기준과 실제어, 임시어, 가능어를 생산성 측정의 용례로 포함하여 그 기준을 넓혀야 한다.

　어휘화는 단어의 사용 양상에 따라, 문법적 필요성에 따라 구성 성분들이 음운, 형태, 의미에서 긴밀하게 결합하여 분석과 결합 과정에서 나타나는 어휘형성상의 특이성을 설명할 수 없는 현상으로 정의

된다. 첫째로 공시적인 음운, 형태, 의미상의 어휘형성 규칙으로 설명될 수 없고, 둘째로 생산성이 없는 형태소와 결합하여 다른 형태의 단어를 찾아 볼 수 없으며, 셋째로 형태소간의 경계가 무너져 그 구성체의 짜임을 밝힐 수 없으며, 넷째로 어휘부에 등재되어 단일어로 처리되는 어휘 현상임을 확인하였다.

종래에는 어휘화를 단순히 통시적인 자취가 남아 있는 화석화와 혼돈되는 개념이나, 파생어 형성규칙의 틀에 국한시켜 이 규칙에 위배되는 것들이라고 본 것이 대부분이다. 이러한 개념의 설정으로 어휘화가 무절제하게 남용될 위험성이 있기 때문에, 어휘화 개념의 정립을 제시하였다.

어휘화 양상은 음운론적 어휘화, 형태론적 어휘화, 의미론적 어휘화의 세 가지 유형을 찾을 수 있다. 그러나 본고에서는 單音節語와 어휘화의 몇 가지 연관 관계를 밝혔다. 단음절어는 어휘체계의 기본일 뿐만 아니라, 접사보다는 어기의 역할에서 높은 생산성을 기반으로, 많은 어휘가 형성되었음을 확인할 수 있기 때문이다. 단음절어가 비록 전체 어휘체계에 있어서의 비중이 1% 정도에 지나지 않지만, 그 역할과 기능을 볼 때 그 위상은 매우 중요하다. 앞으로 단음절어와 한국어 형성에 관한 문제, 어휘형성력에 있어서 단음절어의 위치와 역할 등에 대하여 지속적인 연구가 이루어져야 할 것이다.

음운론적 어휘화는 음운의 화석화 현상과 연계하여 /ㅂ/계 어두자음군, ㅎ첨용어가 다른 형태소와 결합하는 과정에서 나타나는 것으로 어휘화의 주된 요인이다. 또한 음운 변이, 음절 변화에 의하여 나타나는 어휘화 현상에 대하여 어원 추정, 통시적인 관점에서 재구를 통하여 어휘화 유무를 판별하고, 그 통사구조도 함께 제시하여 음운 현상으로 나타나는 어휘화의 범주를 설정하였다.

접사, 어기에 의한 어휘화 현상에 대해서도 앞선 연구에서 어기가 소멸되어 나타나는 것, 접사의 비생산성만을 어휘화로 인정하였지만, 본고에서는 어기가 소멸되지 않고 어기가 재구조화되어 나타나는 어례도 어휘화로 인정하였다. 이는 어기가 소멸된 것이 아니지만, 그 형태가 변화를 입었거나 규칙이 바뀌어 공시적으로 어휘형성 규칙으로 설명할 수 없기 때문이다. 또한 생산성에 근거한 어휘화의 판별에서 벗어나, 접사나 어기의 문법적 범주의 변화로 인한 어휘화도 제시하여 보다 폭넓은 어휘화 범주를 세우려 하였다.

구성요소의 의미적 결합에서 나타나는 연관성의 정도를 의미의 확대, 분화, 전이의 단계로 설정하여 의미론적 어휘화에 대한 분석이 필요하다. 이는 의미 변화가 나타나는 구성 성분으로 구성체의 의미를 예측하는 일이 불가능해지는 예가 많기 때문이다. 의미의 분화나 전이에 의해 그 구성 요소의 의미를 상실하게 되면, 형태상의 투명성은 보장된다 하더라도, 언어형식이 가진 의미론적 특이성으로 말미암아 규칙성을 인식하기 어려워진다. 이러한 의미 변화에 의한 어휘화 역시 어휘부에 등재된 하나의 단어로 다루어야 할 것임을 논증하였다.

이상의 논의를 통하여 어휘형성 규칙으로는 설명될 수 없는 어휘화 현상의 양상을 살펴보았다. 특히 음운·음절 변화, 접사 또는 어기의 비생산성에서 발생하는 형태론적인 어휘화의 원인, 의미적 연관성에 근거한 의미분화, 의미 전이의 어휘화의 양상이 어느 정도 정리되었다. 이 연구의 저변에는 우리말의 올바른 사용과 보급, 오용과 남용을 방지하려는 의도를 담고 있다. 자연적인 소멸 현상, 어휘형성 규칙에 의한, 통사적 필요에 의한 품사 전환 등 자연적인 언어 변화 이외에 불규칙한 언어 현상을 최소화하려는 의도에서 시작된 것이다. 그러나 어휘화 개념을 응용한 구체적인 실용 방안을 제시하지 못한 아쉬움이 있다. 어휘화의 개념을 적용한 어휘 교육과 보급, 어문규정의 보완 등 후속 연구를 기약한다.

【부록】 시대별 단음절어 목록

(의미란의 번호는 사전의미를 별도로 제시한 것임)

의미	중세	근대	현대
邊	ᄀᆞ	가ᄀᆞ	가
味	–	ᄀᆞᆫ	간
柿	감	감	감
價	값	갑·값	값
帽	갇	갇	갓
刀	갈	갈	칼
粉	ᄀᆞᆯ	갈	–
蘆	ᄀᆞᆯ	ᄀᆞᆯ	–
妻	갓	–	–
皮	갓	갓	–
菜	–	갓	갓
浦	–	개	개
犬	–	개	개
梁	걸	–	–
神	–	–	검
表	겇	것	겉
偈	–	게	–
蟹	–	게	게

糠	–	겨	겨
側	곁	곁·녘	곁
波	결	–	–
雙	–	겹	겹
叱	–	–	경
1)	–	고	고
琴	고	–	–
杵	고	고	–
鼻	고	고	코
天鵬	곤	–	–
釵	–	곤	–
洞	골	골	–
菅	골	골	–
谷	골·실	골	골
櫝	골	골	–
形	골	쏠	꼴
腦	–	골	골
怒	–	–	골
線	–	–	골
衕	–	골	–
熊	–	곰	곰
菌	곰	곰	–

膏	–	곱	–
球	–	–	공
花	곳	곳	꽃
庫	–	–	광
猫	괴	괴	–
策	쇠	쇠	꾀
羹	국	국	국
坑	굳	굳	–
蠣	굴	굴	굴
埃	굴	–	–
突	굴	굴	–
蜜	뿔	–	꿀
穴	굼	굼·굼	–
夢	꿈	꿈	꿈
蹄	굽	굽	굽
巫	굿	–	굿
邊	굿	–	–
雉	꿩	꿩	꿩
耳	귀	귀	귀
官	귀	귀	–
末	귿	굿·귿	끝
鑿	뿔	–	끌

文	글	글	글
線	금	–	금
劃	긋	긋	–
柱	긷	–	–
道	길	길	길
利子	길	–	–
2)	–	길	길
能	–	–	길
尺	길	–	길
蒸氣	김	김	김
耘	–	–	김
苔	–	–	김
綾	깁	깁	깁
褓	깃	깃	–
巢	깃	깃	–
鳥	–	–	깃
3)	–	–	깃
衿	깃	깃	깃
蘇	깨	–	깨
蒭	꼴	–	꼴
繩	–	–	끈
時	끠	끼	끼

命	나	나	-
稅	낙	낙	-
釣	낛	-	-
穀	낟·낛	낟	-
鎌	낟	낟	낫
晝	낟·낫	낮	낮
箇	-	낟	낱
顔	눛	눛	낯
日	날	날	날
刀.	놀	날	날
緯	놀	날	날
津	놀	-	-
他	놈	남	남
猿	납	-	-
錫	납	납	납
檁	납	납	-
崖	-	낭	낭
臭	내	내	내
川	-	내	내
煙	니	내	내
魂	넉	넉	넉
草	넉	-	-

板	널	널	널
四	네	넷	넷
偏	녁	녁	녘
女	년	년	년
蓮	년	년	년
側	녑	녑·녚	–
古	녜	녜	예
絹	노	–	–
繩	노	노	–
祿	녹	녹	녹
畓	논	논	논
銅	놀	놋	놋
獐	놀	놀	–
蟲	–	–	놀
者	놈	놈	놈
人夫	–	–	놉
4)	–	–	뇌
誰	누	–	–
目	눈	눈	눈
雪	눈	눈	눈
芽	–	눈	눈
網	–	–	눈

世	뉘	–	–
糠	–	–	뉘
5)	능	능	능
徵候	늦	–	–
齒	니	니	이
王	님	–	–
葉	닙	닙	잎
單位	닙	–	닢
紅花	닛	잇	잇
地	짜	쌍	땅
單位	–	단	단
衣	단	단	단
碇	닫	닫	닻
月	둘	달	달
荻	–	달	달
月	–	–	달
女	쏠	딸	딸
鷄	둙	둙	닭
汗	씀	씀	땀
壁	–	담	담
頭髮	–	–	담
病	–	담	담

因	닷	닷	탓
株	-	대	대
竹	대	대	대
時	때	때	때
垢	띠	띠	때
帳	댱	댱	장
丈	댱	댱	장
餠	떡	덕	떡
6)	-	-	덕
時	던	덧	-
餘	-	-	덤
弩	덧	덧	덪
輩	덩	덩	덩
群	떼	떼	떼
筏	떼	떼	-
笛	뎌	뎌	저
甕	독	독	독
錢	돈	돈	돈
豚	돗	돝	-
梁	돌	돌	-
石	돌	돌	돌
周年	돐	돌·돐	돌

瓜	돗	돗	–
筵	돗	돗	–
單位	–	동	동
7)	–	–	동
8)	–	–	동
糞	쏭	쏭	똥
船	돗	돗	돗
升	되	되	되
胡	되	되	되
堤	둑	둑	뚝
二	–	둘	둘
茅	뛰	뛰·뒤	띠
北	뒤	–	–
後	뒤	뒤	뒤
僧	듀	즁	즁
義	뜯	뜯	뜻
野	–	들	들
庭	뜰	들	뜰
炙	뜸	씀	뜸
背	둥	등	등
帶	씌	씨	띠
輪	–	띠	–

缶	딜	질	–
家	딥	집	집
藁	–	딮	짚
鉦	딩	딩	징
針	–	–	땀
防	–	–	땜
墓	–	뫼	떼
抑止	–	–	떼
間	–	–	뜸
干支	–	–	띠
持	–	뜸	뜸
薯	마	마	마
霖	마	마	–
場	맏	맡	–
兄	–	맏	맏
貝	맏	–	–
馬	몰	말	말
斗	말	말	말
橛	말	말	–
語	말	말	말
藻	몰	–	말
將棋	몰	–	말

9)	–	–	말
糞尿	몰	–	–
宗	몰	–	–
味	맛	맛	맛
食	맛	–	–
磑	매	매	–
鞭	매	매	매
鷹	매	매	매
10)	미	–	매
野	미	–	–
華	–	멋	멋
柰	멋	멋	–
瘀	–	–	멍
花	메	메	메
祭	메	메	메
頸	멱	멱	멱
細土	–	면	면
蔑	멸	멸	–
隅	모	모	모
苗	–	모	모
單位	–	–	모
串	목	목	–

分	목	목	못
頸	목	목	목
鑛	-	-	목
釘	몯	몯	못
池	몯	몯	못
宴	몯	-	-
身	몸	몸	몸
胼	-	-	못
墓	-	-	뫼
飯	뫼	뫼	뫼
山	뫼	뫼	-
串	묵	묵	-
食	-	-	묵
陸	묻	묻	뭍
群	물	물	-
鮮	-	-	물
色	-	-	물
束	뭇	뭇	뭇
銛	-	-	뭇
染	믈	믈	물
水	믈	물	물
海蓼	-	믜	-

朰	미	–	–
肛	믿	믿	밑
下	믿	믿	밑
小麥	밀	밀	밀
蠟	밀	밀	밀
舵	밋	–	–
餌	밋	밋	–
繩	바	바	–
瓢	박	박	박
田	받	받	밭
外	받	밧	밖
足	발	발	발
網	발	발	발
簾	발	발	발
慣	–	–	발
度	–	발	발
托	–	발	발
臂	볼	볼	팔
襲	볼	볼	–
丈	볼	–	–
里	볼	–	–
倍	볼	볼	–

重	볼	볼	–
夜	밤	밤	밤
栗	밤	밤	밤
11)	–	–	밤
顋	쌤	쌤	뺨
食	밥	밥	밥
拷	–	–	밥
腹	비	배	배
船	비	비	배
梨	비	비	배
蛇	–	–	뱀
友	빈	벗	벗
野	벌	벌	벌
蜂	벌	벌	벌
件	–	벌	벌
虎	범	범	범
12)	–	–	벗
布	뵈	뵈	베
禾	벼	벼	벼
骨	뼈	뼈	뼈
枕	벼	–	–
甄	벽	벽	–

鏵	변	변	볏
景	변	변	볕
星	별	별	별
崖	별	별	–
13)	–	볏	볏
犁	보	보	보
堋	보	보	보
樑	보	보	보
鮎	복	복	복
顔	볼	볼	볼
幅	–	–	볼
春	봄	봄	봄
樺	봇	봇	벗
片	–	봉	봉
桑	–	셩	뽕
機	–	북	북
土	–	붓	북
者	분	분	분
火	블	블	불
鼓	붑	북	북
臀	블	불	–
14)	–	–	불

灸	붓	–	–
種	붖	–	–
籽	붓	–	북
籌	뷔	뷔	비
膠	블	–	풀
雨	비	비	비
稷	–	비	피
梳	–	빗	빗
債	빈	빗	빗
値	쏨	뽐	뼘
角	쓸	쓸	뿔
萌	삭	삭	싹
價	삾	삾	삾
丁	슨	–	–
簟	산	삿	–
歲	슬	살	살
肌	슬	살	살
米	뿔	살	쌀
矢	살	살	–
帶	–	살	살
網	–	살	살
貍	슭	–	삵

生	–	–	삶
鍬	삷	삷	삽
15)	–	–	삼
麻	삼	삼	삼
胎	–	–	삼
16)	–	–	삼
包	뽐	뽐	쌈
間	ᄉᆞᆺ	–	–
子	ᄉᆞᆺ	–	–
陰	ᄉᆞᆺ	산	샅
新	새	새	–
鳥	새	새	새
草	새	새	새
東	시	–	–
泉	심	심	샘
嫉	–	–	샘
情	–	–	섟
17)	–	–	섟
位	섟	–	섟
緭	–	–	선
飯	–	선	선
選	–	–	선

盒	섥	섥	-
旦	설	설	설
階	섬	섬	-
薪	-	섶	섶
眉	섭	섭	-
袍	-	섭	섶
架	-	-	섶
薪	-	섶	섶
三	세	세	셋
釘	-	쎄	-
爻	-	-	셈
椽	셔	셰	-
靶	셗	셕	-
島	셤	셤	섬
石	셤	셤	섬
牛	쇼	소	소
饅	-	소	소
潭	쇼	소	소
範	소	소	-
裏	숍	속	속
手	손	손	손
客	손	손	손

鬼	–	손	손
蔓	손	손	–
鼎	솓	솓	솥
松	솔	솔	솔
刷	솔	솔	솔
帿	솔	솔	–
垛	솔	솔	솔
縫	솔	솔	–
綿	–	솜	솜
鐵	쇠	쇠	쇠
鍵	쇠	쇠	–
林	수·숩	숩	숲
雄	수	수	수
艾	뿍	숙	쑥
酒	–	술	술
炭	숟	숟	숯
匙	술	술	술
18)	–	–	술
命	숨	숨	숨
單位	–	–	숱
草	쉬	수	–
19)	–	쉬	쉬

尿	–	–	쉬
五十	쉰	쉰	쉰
間	슷	–	–
履	신	신	신
興	–	–	신
絲	실	실	실
甑	실	–	–
谷	실	–	–
幹	–	심	심
蔘	심	심	심
種	삐	삐	씨
橫	삐	삐	씨
陰	–	–	씹
詞	–	–	씨
褥	쇼	요	요
捕	웇	웇	웇
20)	–	–	악
內	안	안	안
卵	알	알	알
個	알	알	알
前	앏	앏	앞
雌	암	암	암

弟	앗	–	–
因	–	앛	–
腸	애	애	애
童	이	애	애
釘	–	–	야
21)	–	–	야
龜	약	약	–
怒	–	–	약
堤	언	–	–
阜	언	언	–
神	–	–	얼
缺	–	–	얼
萌	엄	엄	–
牙	엄	–	–
丹	엄	엄	–
神	–	–	업
隙	에	에	–
橾	–	–	여
今	열	–	–
麻	열	열	–
農	–	–	열
十	열	열	열

羔	염	염	–
22)	–	–	영
糖	엿	엿	엿
狐	엿	–	–
23)	–	–	영
倭	예	예	–
縷	–	올	올
鴨	올	–	–
疥	옴	옴	옴
衣	온	옷	옷
漆	옷	옻	옻
瓜	외	외	–
上	우	우	위
24)	–	–	운
籬	울	울	울
窖	움	움	움
芽	움	움	움
文	–	–	월
虱	–	이	이
慣	–	–	인
事	일	일	일
主	님	–	임

25)	–	–	임
口	입	입	입
戶	입	–	–
褥	–	잇	잇
苔	잇	–	–
單位	–	–	잎
城	잣·재	자	–
尺	자	자	자
度	–	자	자
配	뙥	뙥	짝
栢	잗	잣	잣
袋	줄	–	–
皮	–	–	잘
睡	좀	잠	잠
墓	–	–	장
蟹	–	–	장
灰	짓	재	재
嶺	짓	재	재
26)	–	–	재
鹽	적	적	–
汪	적	적	–
單位	–	–	전

乳	–	젼	졋
拜	절	졀	졀
單位	–	–	졉
醢	젓	젓	젓
栗	조	조	조
藍	족	족	족
片	뽁	족	족
腎	죤	죤	죷
蠱	좀	좀	좀
呪	좀	–	–
僕	죵	죵	죵
絲	줄	줄	줄
草	–	줄	줄
鑢	줄	줄	줄
蔣	줄	줄	–
列	–	–	줄
拳	줌	줌	줌
痙	–	–	쥐
鼠	쥐	쥐	쥐
杓	쥭	–	–
糜	쥭	쥭	쥭
樣	즛	즛	짓

樂	징	증	징
怒	증	-	-
隙	뜸	틈	틈
尿	지	-	지
壤	질	질	질
馴	질	질	질
荷	짐	짐	짐
熟	뜸	-	찜
家	집	집	집
焙	뜸	-	찜
鉦	-	-	징
藁	집	-	짚
暇	-	-	짬
27)	-	-	쩍
片	-	-	쪽
顔	-	-	쪽
28)	-	-	찌
釣	-	-	찌
茶	차	차	차
源	출	출	-
眞	춈	-	참
窓	창	창	창

炎	창	–	창
履	창	창	창
鞭	치	채	–
券	칙	책	책
鬚	–	–	채
廐	채	채	채
轎	–	–	채
29)	–	–	채
剪	–	–	채
薑	치	–	–
織	–	츤	천
節	–	–	철
覺	–	–	철
30)	–	–	청
襪	청	청	청
篩	체	체	체
燭	쵸	초	초
櫻	–	초	초
毛	–	–	총
繐	최	–	–
31)	–	–	최
類	–	–	축

단위)	–	–	축
唾	츰	춤	침
舞	춤	춤	춤
采	–	–	취
葛	츩	츩	칡
履	치	치	치
寸	치	치	치
舵	치	치	키
者	치	치	치
物	치	치	–
箕	치	킈	키
塗	–	–	칠
餘	–	침	–
單位	–	–	칸
空間	–	–	칸
枷	갈	칼	칼
層	–	–	켜
煖	–	캉	–
網	–	–	코
豆	콩	콩	콩
丈	킈	–	키
頤	특	턱	턱

面	탈	탈	탈
病	탈	탈	탈
因	탓	탓	탓
器具	–	–	태
破	–	태	태
基	터	터	터
凸	–	–	턱
宴	–	–	턱
因	–	–	턱
毛	–	털	털
箍	테	테	테
醬	–	–	토
單位	톨	토	톨
鉅	톱	톱	톱
瓜	톱	톱	–
單位	–	–	톳
幅	–	–	통
腸	통	통	통
類	–	–	통
32)	–	–	통
單位	–	–	통
筒	–	–	통

銅	퉁	–	퉁
雜	특	–	–
機	틀	틀	틀
隙	쁨	틈	틈.
塵	–	틔	티
態	–	–	티
蔥	파	파	파
枰	판	판	판
臂	폴	팔	팔
蠅	폴	–	–
荳	폿	폰	팥
側	–	–	편
餠	–	–	편
糊	플	풀	풀
氣	플	풀	풀
幅	–	품	품
勞	–	–	품
血	피	피	피
稷	피	피	피
土	흙	흙	흙
缸	항	항	–
日	히	히	해

年	히	히	해
舌	혀	혀	혀
蠍	혀	혀	-
橡	혀	혀	-
贅	혹	혹	혹
槽	홈	홈	홈
獨	혼	홋	흩
臼	-	확	확
畵	-	-	환
弓	활	활	활
虛	-	-	황
炬	홰	홰	-
笓	홰	홰	-
紋_	회	-	-
靴	휘	-	-
計	휘	휘	휘
紋	-	-	휘
諷	-	흉	흉
力	힘	힘	힘
筋	힘	힘	-
계	450語	452語	502語

【 註 】 1) 고 : 옷고름이나 끈이 풀리지 않게 하기 위한 매듭.
　　　　2) 길 : 두루마기의 섶과 무 사이에 있는 넓고 큰 폭.
　　　　3) 깃 : 외양간·마구간·닭장에 깔아 주는 짚이나 풀.
　　　　4) 뇌 : 땅 속의 푸석돌로 이루어진 지층.
　　　　5) 능 : 넉넉하게 잡은 여유.
　　　　6) 덕 : 나뭇가지 사이에 걸쳐 맨 시렁.
　　　　7) 동 : 마디, 사이, 끄트머리.
　　　　8) 동 : ① 광맥에서 광물이 적은 부분.
　　　　　　　　② 나무나 짚단을 묶은 단위.
　　　　　　　　③ 뚫는 돌의 굳은 정도.
　　　　9) 말 : 먹줄을 칠 때 그 밑에 받치는 나무.
　　　10) 매 : 시체에 옷을 입히고 그 위를 매는 헝겊.
　　　11) 밤 : 놋쇠물을 부어 놋그릇을 만드는 거푸집.
　　　12) 벗 : 불씨에서 불이 옮겨 붙는 숯이나 장작.
　　　13) 볏 : 보습 위에 대어 흙이 한쪽으로 떨어지게 한 쇳조각.
　　　14) 불 : 걸채나 옹구에서 아래로 늘어져 짐을 싣게 된 부분.
　　　15) 삼 : 눈동자에 생기는 희거나 붉은 점.
　　　16) 삼 : 뱃바닥에 댄 널.
　　　17) 섰 : 배를 매어 두기 좋은 물가.
　　　18) 술 : 가마·기·띠·보 따위의 둘레에 장식으로 다는 여러 가닥의 실.
　　　19) 쉬 : 파리의 알.
　　　20) 악 : 있는 힘을 다해 모질게 쓰는 기운.
　　　21) 야 : 돈치기할 때 던진 돌 두서너 푼이 한 데 포개지거나 붙는 것.
　　　22) 염 : 바위로 된 작은 섬.
　　　23) 영 : 깔끔하게 꾸민 집안이나 방안에서 느껴지는 밝은 기운.
　　　24) 운 : 어떤 일을 여럿이 한창 어울려 하는 바람.
　　　25) 임 : 머리에 인 물건이나 일 정도의 짐.
　　　26) 재 : 장기판의 앞에서 맨 끝 줄.
　　　27) 쩍 : 투전, 노름의 한 가지.
　　　28) 찌 : 기억할 곳에 글로 써서 붙이는 좁고 긴 종이쪽.
　　　29) 채 : 껍질을 벗긴 싸리나 버드나무 따위의 가는 나무 오리.
　　　30) 청 : 얇은 막으로 된 부분.
　　　31) 최 : 베틀의 최활 끝에 박는 뾰족하게 생긴 쇠촉.
　　　32) 통 : 노름할 때에 석 장을 뽑아 끗수가 열 또는 스물이 되는 수효.

참고문헌

姜信沆(1985), 「現代國語에 관한 語彙論的 研究」, 『동방학지』 46·47·48 합
　　　　집호, 연세대 국학연구원.

강진식(1994), 「현대국어의 단어형성 연구」, 전남대 박사학위논문.

高道興(1975), 「Ablaut 연구」, 『어문논집』 10, 중앙대 국어국문학과.

高永根(1970), 「現代國語의 準自立形式에 대한 研究」, 『語學研究』 第61號.

_____ (1992), 「형태소란 도대체 무엇인가?」, 『홍익어문』 10·11, 홍익대.

고재설(1994), 「국어 단어 형성에서의 형태 통사 원리에 대한 연구」, 서강대
　　　　박사학위논문.

구본관(1992), 「생성문법과 국어 조어법 연구 방법론」, 『주시경학보』 9.

_____ (1999), 「국어 접미사의 범위」, 『형태론』 1.1.

국립국어연구원(1994), 『현대 국어의 약어 목록』, 국립국어연구원.

김계곤(1996), 『현대 국어의 조어법 연구』, 박이정.

金光海(1982), 「복합명사의 신생과 어휘화 과정에 대하여」, 『국어국문학』 88.

_____ (1988), 「2차어휘의 교육에 대하여」, 『선청어문』 16·17, 서울대.

김규철(1981), 「단어 형성규칙의 정밀화: 방해 현상을 중심으로」, 『언어』
　　　　6-2, 한국언어학회.

김기혁(1984), 「어휘의 화석화와 보조동사」, 『연세어문학』 17, 연세대.

김동언(1970), 「국어 준말의 음운론적 고찰」, 『국어학 신연구』, 탑 출판사.

김미선(2012), 「'그런데'의 담화기능연구」, 『인문과학연구』 34, 강원대 인문

과학연구소.

金相潤(2002), 「문법화 과정의 의미론적 고찰」, 『어문논집』 30, 중앙어문학회.

_____ (2003), 「훈몽자회 字釋에 나타난 單音節語 일고찰」, 『인문학연구』 35, 중앙대 인문학연구소.

_____ (2008), 「'마리'(頭·首·宗)계 어사의 차자표기 연구」, 『한말연구』 22, 한말연구학회.

_____ (2012), 「'갓/것'(物) 語彙의 어원과 의미 기능」, 『인문과학연구』 34, 강원대 인문과학연구소.

김성규(1987), 「어휘소 설정과 음운현상」, 『국어연구』 77호, 서울대.

김승호(1992), 「어휘화」, 『부산한글』 11, 한글학회 부산지회.

김영욱(1994), 「불완전계열에 대한 형태론적 연구」, 『國語學』 24, 국어학회.

_____ (1995), 『문법형태의 역사적 연구』, 박이정.

김일병(2000), 『국어 합성어 연구』, 역락.

김정은(1995), 『국어 단어형성법 연구』, 박이정.

김정태(2012), 「광고언어의 동음이표기(同音異表記)에 대하여」, 『어문연구』 73, 어문연구학회.

金宗澤(1964), 「意味의 抽象化 過程에 관한 연구」, 『한국어연구』 9호.

金鍾塤(1973), 「國語辭典의 語學的 分析 研究」, 『어문논집』 8, 중앙어문학회.

_____ (1994), 『國語 語彙論 研究』, 한글터.

_____ (2007), 『韓國語의 歷史』, 집문당.

김창섭(1995), 「국어 파생어 형성 과정의 음운·의미 변이 연구」, 경북대 박사학위논문.

_____ (1996), 「국어의 단어형성과 단어구조 연구」, 『국어학총서』 21, 태학사.

김철남(1997), 『우리말 어휘소 되기』, 한국문화사.

김태곤(1989), 「중세국어 다의어 연구」, 중앙대 박사학위논문.

南廣祐(1971), 『補正 古語辭典』, 一潮閣.

南廣祐(1995), 『古今漢韓字典』, 인하대 출판부.

남기심(1983), 『새말의 생성과 사멸, 한국 어문의 제문제』, 일지사.

_____ (1986), 「이형태의 상보적 분포와 통사적 구성」, 『한글』 193, 한글학회.

南基卓(1988), 「訓蒙字會 身體部 字訓 硏究」, 중앙대 박사학위논문.

리의도(1995), 「표준어 규정과 한글맞춤법에 대한 비판적 검토」, 『국제어문』 16, 국제어문학회.

都守熙(1987), 『한국어 음운사 연구』, 탑출판사.

文武永(1989), 「國語 親族語彙 硏究」, 인하대 박사학위논문.

민현식·왕문용(1993), 『국어 문법론의 이해』, 개문사.

朴銅圭(1995), 『고대국어 음운연구』 1, 전주대 출판부.

朴秉喆(1997), 『한국어 訓釋語彙 연구』, 이회.

박병수(1997), 「어휘형성 과정과 그 제약」, 『경희대 언어연구』 15.

朴英燮(2012), 『한자 대역어의 통시적 연구』, 박이정.

박홍길(1998), 『어휘 변화의 원인별 연구』, 한국문화사.

서정수(1994), 『국어문법』, 뿌리깊은 나무.

성광수(1988), 「국어어휘 구조와 어형성규칙」, 『사대 논총』 13, 고려대.

成煥甲(1972), 「接頭辭 硏究」, 중앙대 석사학위논문.

_____ (1985), 「國語史의 對照的 樣相- 語形의 縮小와 擴大」, 중앙대 논문집 29.

송원용(2000), 「현대국어 임시어의 형태론」, 『형태론』 2-1, 형태론학회.

_____ (2002), 「국어어휘부와 단어 형성 체계에 대한 연구」, 서울대 박사학위논문.

宋喆儀(1983), 「派生語 形成과 通時性의 問題」, 『국어학』 12, 국어학회.

_____ (1992), 『國語의 派生語形成 硏究』, 태학사.

宋喆儀(1993), 『언어 변화와 언어의 화석』, 문학과 지성사.

시정곤(1993), 「국어의 단어형성 원리」, 고려대 박사학위논문.

시정곤(1995), 「어휘적 접사화와 의미적 결합에 관한 연구」, 『태릉어문』 5·6, 서울여대.

신창순(1998), 「복합어의 맞춤법과 국문법」, 『한국어학』 8, 한국어학회.

沈在箕(1982), 『國語 語彙論』, 집문당.

안명철(1990), 「국어의 융합 현상」, 『국어 국문학』 103, 국어국문학회.

안주호(1997), 『한국어 명사의 문법화 현상 연구』, 한국문화사.

왕문용(1987), 「後期 近代國語의 依存名詞 研究」, 서울대 박사학위논문.

우민섭(1974), 「준말의 한 고찰」, 『어문논집』 9, 중앙대 국어국문학과.

柳穆相(1974), 「統語論的 構成에 의한 語形成에 관한 研究」, 『성곡논총』 6, 성곡할술재단.

柳勝國(2012), 「合成動詞의 多義 形成過程에 대한 考察」, 『語文研究』 제40권 3호, 한국어문교육연구회.

劉昌惇(1962), 「虛辭化考究」, 『人文科學』 7, 연세대학교 인문과학연구소.

_____ (1973), 『語彙史 研究』, 선명문화사.

李基文(1972), 『國語史槪說』, 탑출판사.

이병근(1986), 「국어사전과 파생어」, 『어학 연구』 22-3, 서울대학교 언어연구소.

이병모(1995), 『의존명사의 형태론적 연구』, 學文社.

이상복(1990), 「현대국어의 조어법 연구」, 연세대 박사학위논문.

이석주(1988), 「국어 약어형에 대한 연구」, 『한성대학교 논문집』 12, 한성대.

_____ (1989), 『국어 형태론』, 한샘출판사.

이성하(1998), 『문법화의 이해』, 한국문화사.

이승재(1992), 「융합형의 형태 분석과 형태의 화석」, 『주시경 학보』 10, 탑출판사.

이영경(1995), 「국어 문법화의 한 유형」, 『국어학논집』 2, 태학사.

李周行(1981), 「國語 複合語에 대한 考察」, 『국어국문학』 86호, 국어국문학회.

李周行(1988), 『韓國語 依存名詞의 通時的 硏究』, 한샘.

_____ (1996), 『한국어 문법연구』, 중앙대 출판부.

_____ (2011), 『알기쉬운 한국어 문법론』, 역락.

이지양(1993), 「국어의 융합 현상」, 『국어학총서』 22, 국어학회.

_____ (1994), 「어휘화된 융합형에 대하여」, 『성심어문논집』 16, 성심어문
학회.

李燦揆(1991), 「韓國語의 意味槪念 構造 設定에 관한 硏究」, 『硏究論集』 10,
중앙대학교 대학원.

_____ (2002), 「언어 인지적 관점에서 본 이미지 통합 현상에 관한 연구」,
『어문논집』 30, 중앙어문학회.

이호승(2001), 「단어형성과정의 공시성과 통시성」, 『형태론』 3.1.

이희승·안병희(1992), 『한글맞춤법강의』, 신구문화사.

임동훈(1991), 「현대국어 형식명사 연구」, 서울대 석사학위논문.

정원수(1992), 『국어의 단어 형성론』, 한신문화사.

정한성(1994), 「단어 형성의 어휘형태론적 연구」, 조선대 박사학위논문.

정호완(1987), 『후기중세어 의존명사 연구』, 학문사.

정희정(2000), 『한국어 명사 연구』, 한국문화사.

조남호(1988), 「현대국어 파생섭미사 연구 : 생산력이 높은 접미사를 중심으
로」, 서울대 석사학위논문.

조일규(1997), 『파생법의 변천(I)』, 박이정.

千素英(1990), 『고대국어의 어휘연구』, 고려대 민족문화연구소.

천시권, 김종택(1971), 『國語意味論』, 형설출판사.

채현식(1995), 「형식명사의 동요상황에 대하여」, 『국어학논집』 2, 태학사.

崔圭一(1989), 「韓國語 語彙形成에 관한 硏究」, 성균관대 박사학위논문.

최현배(1971), 『우리말본』, 정음사.

최형용(1997), 「형식명사·보조사·접미사의 상관관계」, 서울대 석사학위논문.

최형용(1999), 「국어의 단어 구조에 대하여」, 『형태론』 1.2, 형태론학회.

_____ (2000), 「'-的' 파생어의 의미와 '-的'의 생산성」, 『형태론』 2.2, 형태론 학회.

최홍열(2005), 『정도 부사 연구』, 역락.

하치근(1992), 「파생법에서 어휘화한 단어의 처리 문제」, 『우리말글』 2, 우리 말글학회.

_____ (1993), 『국어 파생형태론』, 남명문화사.

_____ (1996ㄱ), 「국어 조어론 연구의 어제와 오늘」, 『한힌샘 주시경 연구』 7·8.

_____ (1996ㄴ), 「국어 통사적 접사의 수용 범위 설정에 관한 연구」, 『한글』 231, 한글학회.

한재영(1991), 「한글맞춤법의 복합어와 파생어의 표기에 대하여」, 『어문논집』 7, 울산대.

許 雄(1981), 『언어학』, 샘문화사.

_____ (1983), 『국어학』, 샘문화사.

_____ (1985), 『국어 음운학』, 샘문화사.

_____ (1995), 『20세기 우리말의 형태론』, 태학사.

황화상(2001), 「국어 형태 단위의 의미와 단어 형성」, 고려대 박사학위논문.

Aronoff, M.(1976). Word formation in Generative Grammar, Linguistic inquiry Monograph 1, Cambridge: The MIT Press.

Aronoff, M. and F. Anshen (1998). "Morphology and the lexicon: lexicalization and productivity", in A. Spencer and A. M. Zwicky(eds.), The Handbook of Morphology, Oxford: Blackwell, 237-247.

Bauer. L.(1983), English Word-formation, Cambridge Univ. press.

Lyons.J.(1977), Semantics, Cambridge Univ. Press.

P.Hooper & E. Traugott(1993), Grammaticalization, Cambridge Univ. press.

Spencer, A.(1991), Morphological Theory, Cambridge Univ. press.

Walsh. L.(1983), 'Possible Words', MIT working paper in Linguistic.

찾아보기

▌김상윤(金相潤)

중앙대 · 강원대 · 선문대 강사 / 문학박사(중앙대)
University of Toronto, East Asia Studies, Post-Doc.

【저서】
『은어 · 비속어 · 직업어』(공저, 집문당, 2005), 『한국어 어휘화 연구』(보고사, 2013).

【논저】
「高句麗의 어의에 대한 고찰」(2006), 「'마리'(頭 · 首 · 宗)계 어사의 차자표기 연구」(2008),
「高句麗 王稱語 小考」(2009), 「職官名에 쓰인 '尺'의 讀音과 意味에 대한 一考察」(2012),
「三國의 固有語 官職名語彙 小考」(2012), 「'갓/것'(物) 語彙의 語源과 의미 기능」(2012),
「골프장 은어의 형성 유형과 어휘 분석」(2012), 「古制 語彙 '舍音'(무룸) 小攷」(2013),
「가야어 '벼리달(碧珍) · 이리(一利)'에 대한 고찰」(2013).

한국어 어휘화 연구
韓國語語彙化研究

2013년 10월 24일 초판 1쇄 펴냄

지은이 김상윤
펴낸이 김흥국
펴낸곳 도서출판 보고사

책임편집 이유나
표지디자인 오동준

등록 1990년 12월 13일 제6-0429호
주소 서울특별시 성북구 보문동7가 11번지 2층
전화 922-5120~1(편집), 922-2246(영업)
팩스 922-6990
메일 kanapub3@naver.com
http://www.bogosabooks.co.kr

ISBN 979-11-5516-080-0 93710

ⓒ 김상윤, 2013

정가 15,000원

사전 동의 없는 무단 전재 및 복제를 금합니다.
잘못 만들어진 책은 바꾸어 드립니다.

이 도서의 국립중앙도서관 출판시도서목록(CIP)은 서지정보유통지원시스템 홈페이지(http://seoji.nl.go.kr)와 국가
자료공동목록시스템(http://www.nl.go.kr/kolisnet)에서 이용하실 수 있습니다. (CIP제어번호 : CIP2013019018)